走进中国少数民族特色村寨丛书

走进中国少数民族特色村寨
丛书编委会

主　　任　张志刚
副 主 任　黄东辉
委　　员　陈传康　万晓璐　马　帅　侯　运

本册著者　黄菡薇　苍　铭　牛　平
图片摄影　苍　铭　黄菡薇　胡文兰　卢　明
绘　　图　郭　珺
英文翻译　严　赛

THE GAO DANG
VILLAGE

高荡村

国家民族事务委员会经济发展司 / 编

黄菡薇 等 / 著

中央民族大学出版社
China Minzu University Press

小寨 / 黄菡薇摄

高荡田园风光 / 胡文兰摄

目　录
CONTENTS

CONTENTS

苍铭 / 提供

贵州省文物保护单位

高荡村古建筑群

贵州省人民政府
二〇一五年五月二十一日 公布
镇宁布依族苗族自治县人民政
二〇一八年六月二十九日 立

高荡村古建筑群碑记 / 苍铭摄

导　言

　　高荡村是贵州省的一个布依族特色村寨。该村隶属于安顺市镇宁布依族苗族自治县宁西街道，全村有457户2145人。高荡村核心区域完整地保存了明、清时期建造的石木结构干栏式建筑100余栋，形成特色鲜明的古建筑群，因此又被称为高荡布依古寨。2014年高荡村入选首批"中国少数民族特色村寨"名录，2018年被国家民委命名为全国民族团结进步创建示范区（单位）。

　　高荡村，布依语称为"翁座村"。在布依语中，"翁"意为"洼地"，"座"则指"锅"，"翁座"意为地处群山环抱之中，形似一口大锅的村寨。对此有学者形象地称为"群山举起的一口金锅"。"高荡"是布依语"翁座"的汉语译名，"高"是在描述村子较周边的地势高，"荡"字在当地汉语方言中指有水的低洼地，因此从字面意思来看，高荡是一个建在洼地且地势高于周围的村子。汉语名称与布依语名称相互呼应，反映出高荡的地形特点是高山上的小盆地。

　　高荡因其优美的自然风光、独特的民族建筑和浓郁的民族文化，入选了第二批"中国传统村落"名录；获得了"全国文明村镇""贵州30个最具魅力民族村寨""全省民族团结进步创建活动示范村""全省文明村"等多项荣誉。

远眺 / 苍铭摄

一、村寨历史

　　历史上的高荡只是贵州千百个村寨中的一个小小村落，因此文献中鲜有记载。但近年来，得益于镇宁县政府对高荡旅游发展的高度重视以及高荡村民的不懈努力，高荡的历史文化被一点点挖掘出来。村中建起了村史馆，并将历史上高荡的建置沿革问题梳理得清清楚楚，展览于村史馆中。

　　根据高荡村史馆的介绍，高荡的历史大约经历了这五个重要时期：

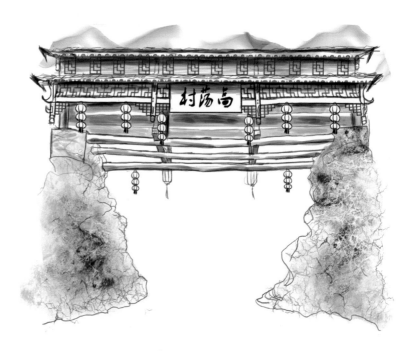

高荡寨门 / 郭珺绘

高荡历史沿革 / 苍铭摄

1.元、明、清三朝，高荡均属永宁州西边枝管辖；

2.民国四年（1915年），旧永宁州西边枝整体划拨镇宁县，高荡至此开始改属镇宁县；

3.1963年，镇宁布依族苗族自治县成立，这时的高荡属于安西区塘堡管理区所辖；

4.1999年，经过撤区、并乡、建镇等，高荡改属镇宁县下辖的城关镇；

5.2016年，贵州省对全省乡镇进行部分调整，城关镇撤销，分置白马湖街道和环翠街道，高荡隶属于环翠街道。现隶属宁西街道。

关于高荡的建村历史，村寨中流传着一个美丽的传说。高荡村民早期住在桫椤河畔的桫椤寨（位于今高荡村后山），寨子主要由伍、杨两姓家族成员组成，且两家是世代姻亲，据村民回忆，伍姓是"姑爹家"，杨姓是"舅舅家"。一日，伍姓先

荣誉称号 / 卢明摄

祖在桫椤河边放羊，几只山羊走失，伍姓先祖顺着山羊脚印一路寻找，终于在一口山泉水边发现了羊，脱队的山羊此时正在泉边饮水。伍姓先祖寻羊倦渴，也俯身舀水喝，发现泉水源源不断，清凉甘甜，非常适宜作为饮用水源。饮水过后，先祖起身观察，发现周围环境非常利于安营扎寨，不仅四面环山，形成拱卫之势，山间地势也相对平坦，适于耕种。于是，先祖返回桫椤寨同乡亲们商议，决定举家搬迁至高荡定居。

　　搬到高荡不久，为了防止伍姓一族势单力薄，同时也为了抵御土匪，伍姓家族决定邀请姻亲杨氏一家共同迁居高荡生活。两姓家族定居高荡后，延续了联姻的传统，人口不断繁衍，村寨规模不断扩大，形成后来的高荡布依古村。关于这段迁村历史，杨氏家族的人也常开玩笑称："老伍家当年怕被老虎吃，就邀请我们一道迁过来帮他们壮声势。"从杨姓族人的这句玩笑话中，不难看出伍、杨两家世代关系亲密，

杪椤桥 / 苍铭摄

古民居 / 苍铭摄

　　他们常拿这段迁村的史话打趣儿，也常拿对方打趣儿。而当初的山泉眼经过一番修整后形成了一口水井，成为村民日常饮水的主要来源。为了纪念这段传奇的迁村历史，村民们也将此水井命名为寻羊井。

　　耕读传家的文化传统是高荡的一大历史特色。伍、杨两家在高荡生活的几百年里，十分重视文化教育。明清时期，高荡曾先后设立过数间私塾，但凡家中条件尚可，就会将孩童送入私塾学习，在此期间甚至还出过一些秀才、举人。到了民国时期，高荡又有不少学子考入黄埔军校，文化成就远近闻名。

中华人民共和国成立后，高荡仍坚持重视教育的传统，在村中设立小学，让每家每户的孩子可以足不出村就接受小学教育。等小学毕业，一部分条件好的家庭会将孩子送到镇宁县城读中学，有的甚至还会鼓励孩子考取安顺市区的中学继续就读，而那些家庭条件稍差的也会想尽办法让孩子到镇里的中学进行学习。

2014年我们第一次到高荡时，就发现一个有趣的现象，非常能反映高荡人对于文化教育的重视。从高荡至镇宁的班车上，每日最拥挤的时段就是上学和放学期间，因为这个时段有大量在城里或邻村读书的学生需要搭乘班车，有的学生为了避免抢不到座位，还会自带小板凳。这种对教育重视的传统，使高荡村涌现出一批文化名人。此外，我们在调研时还发现，高荡的每户人家都会在堂屋供奉"天地君亲师"牌位，足见高荡人对于师长的尊敬。这种重视文化教育的传统，使高荡成为远近闻名的文化村。

古哨所残垣 / 卢明摄

古堡 苍铭摄

高荡寨门 / 黄菡薇摄

二、村寨选址

关于寻羊迁村的美丽传说，我们筛除那些夸张、戏剧化的部分，能够发现伍姓先祖在选择新村地址时，是充分考虑了高荡的自然环境优势和人文条件的。

首先，高荡有宜居的自然环境。高荡地处地势较高且四面环山的洼地之中，山上植被葱郁，冬暖夏凉。而原先的梭椤寨，位于梭椤河畔的河谷地带，夏季略显闷热，在医疗条件不发达的古代，更容易受瘴气影响。因此高荡相较于村旧址梭椤寨来说更加宜居。

其次，高荡的林地、土地、水源、石料等自然资源能够满足人们的日常生活需求。高荡的民居是以石头为主要材料，辅以木料所建的石木结构干栏式建筑，这要求高荡周围能提供大量的石材和木料。实际上，高荡四周的石山以及山上的树木的确可以满足建房的需求，因此高荡村民可以就地取材，建造民居。此外，高荡村前方有一块田坝，土壤常年不干，适宜种植水稻，田坝中间还有一口水井，可用于灌溉，从高荡村通往梭椤寨的沿途又有大量旱田，可供种植玉米、向日葵、紫苏、辣椒、魔芋等作物，因此迁居高荡以后的生计问题可以得到有效解决，这是迁居高荡的又一因素。

最后，高荡的地形地势形成天然的护寨屏障，避免高荡受到外来侵扰。高荡四面环山，唯南面山峰的西麓有一出口，以及北山和东山脚下有一条隐蔽的小路通往后山梭椤河畔。这样的结构使得高荡成为一个相对封闭的村子，一旦有外敌侵扰，只需严守

村落布局／苍铭摄

高荡田园风光／胡文兰摄

老寨门 / 苍铭摄

犁田山上远眺镇宁 / 苍铭摄

这两个隘口就能保证全村安全。同时，南面高山还充当了"照壁"和瞭望台，南山与住宅之间又隔着田坝，这也为抵御外敌提供了一个缓冲地带，给村民躲藏或转移到营盘留有充足时间。而村寨偏东地段有一座小山，山上建有一处古堡，从古堡上可看到高荡村全貌，若有敌情，也可向全村百姓发出信号。因此，高荡是一个易守难攻的村子，高荡村民选址高荡时充分考虑了这一特点。

定居高荡后，村民们的确有了更多的安全感，迁居高荡能有效地避免战乱和匪患。在我们走访高荡及周边村寨时，村民们也对此表示赞同，说起历史上匪患猖獗的时候，高荡周边村寨或多或少都受到影响，唯独高荡易守难攻，损失最小。近代历史上，周围村寨时常出现牛羊失盗事件，但唯独高荡极少出现这样的情况。

此外，当初的选址还给高荡带来一项意外的收获，即高荡的布依文化得以完整保留。高荡相对封闭的地理环境，使得本村的文化不易对外传播，同时也少受外来影响。相对封闭的环境和人口聚居，使高荡保存了相对完整的布依方言、传统建筑特色、服饰文化、蜡染工艺、饮食习惯等。

雨后高荡街道 / 黄蔷薇摄

石板路 / 苍铭摄

回家 / 苍铭摄

三、村寨布局

从西南面的村口进入高荡，首先会经过一片水田，而后便会看到村庄。村庄地处群山环抱之中，高荡村民给村子四周的山取了十分形象的名字。北面背靠的山被称为犁田山，南面如同照壁的山则被称为犁铧山。而东西两侧山岭如同座椅扶手，四座山脉刚好形成背有靠山，左右有砂山护围，前面水井、水田，远处有朝山呼应的绝佳布局。其中"犁田"与"犁铧"正是布依族以稻作农业为主要生计方式的真实写照。

高高的犁田山阻挡了冬季凛冽的寒风，坐北朝南的房屋朝向使得冬季时村落能够接受更多的阳光。村落左右的山岭如同座椅的扶手，紧紧拥抱着村庄，使其处于一个相对安全的小环境中。高荡早上日出较早，而日落较晚，西高东低的"扶手"正好减少了夏季西晒的日照时间，同时也令日落之后海拔1000多米的古村变得十分清凉爽快。

随着人口的不断增加，"犁田山"南麓已建满房屋，为了生存和发展需求，一部分村民开始往东侧山麓发展，在那里建起了房屋，最初只有几户人家，后来发展成为规模不小的聚落。人们为了区别于原先的村寨，把东面山坡下新建的寨子称为"小寨"，而原先"犁田山"南麓的聚落称为"大寨"。大寨建成时间较早，区域范围占据了整个北面"犁田山"的南麓，其中伍姓一族因迁居较早，率先占据了利于建房、便于退守的缓坡地带，杨姓家族迁居稍晚，一部分沿高坡建房，另一部分则向平地发展，换言之，形成了伍姓住中间，杨姓居南北两侧的分布格局。

大寨早期民居／苍铭摄

寨中稻田／苍铭摄

早期大寨内部只有四五排民居，所有民居由一条主干道和若干条纵横的小路相连通。从村子南面进村，要先经过一个小广场，曾是村里小学的篮球场，小学拆除后，广场就变成了村民的晒谷场和日常纳凉聚会的地方。广场北侧有一座半圆的石拱门，据村民说是最老的寨门，早期村寨内共有大小拱门5座，寨子内只有几十户人家。现在仅剩南面这一座保存较好的古寨门，其他几座门楼已损毁。另外，大寨中的公共建筑包括古堡和两处小小的土地庙，古堡位于寨子东侧，有瞭望之用，土地庙一处位于西南面进村的道路上，另一处位于通往后山桫椤河的小路上。小寨中则没有公共建筑，全由传统民居组成，沿东面山脚呈一字形分布。

高荡村还建有一处营盘，位于北面"犁田山"的山顶，从"犁田山"北侧绕行而上方可抵达。营盘原本有房屋10余间，现已荒废，大部分房顶损毁，只留存一些残垣断壁。听当地人说，历史上一度山匪猖獗，当遭到外部侵扰时，村民便会转移至营盘避难。据我们推断，营盘应是明清时期军队在此驻扎时留下的军事防御建筑，军队撤走，高荡村民对其进行修整，作避难之用。

养鹅 / 苍铭摄

四、生计方式

布依族世居云贵高原，这里土壤肥沃、气候温和、雨热同季，且河流纵横遍布，特殊的地理环境与气候条件决定他们有悠久的水稻种植历史。高荡村地势中间低，四面高，形成了天然的高原坝区，加之后山桫椤河附近农田遍布，形成了典型的"山林 — 村落 — 稻田"模式的山水格局及与之相适应的稻作农耕。

长期以来，稻作农耕就是高荡村民生产生活的主要方式。高荡土地类型为水田、旱地兼具，作物一年两熟，分为大季和小季。大季时候，水田主要种植水稻，旱地则种玉米、红薯等作物，大季收割完毕后，在小季则种油菜、小麦。除此之外，高荡村民蓄养牛、羊、鸡、鸭、鹅等畜禽，有的种植果树、养殖蜜蜂、纺织蜡染等，但高荡村的生产所得皆为满足生活所需，整体形成的是自给自足的自然经济，这种情况一直持续到20世纪八九十年代。此后，高荡村民开始外出务工，才逐渐形成外出务工为主、农耕为辅的生计模式。

2012年前后，随着高荡古村的风貌逐渐为外界所熟知。高荡村正式开始发展旅游业，2016年5月建成村寨直通镇宁县城的道路，路程仅有10公里。此后，旅游业快速发展，对高荡村村民的生活产生了重要影响，高荡村居民的生计方式开始转型，由以前的"农耕 — 务工"生计方式转向了以"旅游 — 务工"为主、务农为辅的生计方式。

目前，高荡村民群体构成以留守老人和部分返乡创业者为主。高荡村的生计模式仍以家庭为单位，家庭各成员有不同的分工，

村寨广场 / 苍铭摄

收玉米 / 苍铭摄

因而大部分家庭有着多种而非单一的经济收入来源。其基本模式若以代际划分，呈现出中青年为主、老年为辅的特点；以性别划分，则是女性留村参与旅游服务，男性外出务工或从事农耕。

年轻一代的家庭中，多数只在游客流量较大时，丈夫回村与妻子共同经营旅游业务，其余时间则以外出务工为主。村内目前还有一些以农业为主要生计方式的村民，或合作进行规模化农业生产，或独立耕作大片土地，他们绝大多数为男性。不论从事旅游经营、外出务工或是务农，年轻一代的村民都是家庭经济的主要支柱，而多种类型的生计方式使他们在面对风险时有更强的应对和适应能力。但在面对2020年新冠肺炎疫情时，大部分参与旅游服务业且规模相对较小的村民家庭，因游客数量大大减少，自身抗风险能力低，家庭中的年轻一代不得不放弃在高荡古寨从事旅游经营的生计方式，转而外出务工。

老人也是高荡生计转型过程中不可忽视的一个群体。我们调研期间，村内最常见的便是老人。通常，年事不太高的老人与子女一同居住，或隔代共同居住帮助照顾儿孙。前者协助子女开办客栈、农家乐等，后者在抚育第三代与接受子女经济支持的同时，通过景区清洁、迎宾表演等方式参与旅游服务业以赚取收入。年龄较大的老人常常三五成群地坐在古寨广场或广场边的小路上，一边聊天晒太阳，一边摆着小摊，售卖刺梨（干）、向日葵、金银花、紫苏等农产品。这部分多为80岁左右的老人，通常独居，丧失独立从事农耕或外出务工的能力，生计来源以儿女赡养为主，小摊经济为辅。老人的儿女购买粮油米面及各种生活必需品送来，陪伴看望老人，兄弟姊妹之间会按顺序轮值。老一代人与土地的联系最为紧密，他们多数还会保留小块农田进行耕种，其余土地因劳动力不足租给他人耕种或丢荒。作为以农耕文明为基础发展起来的村落，高荡村保留了20余亩（约1.33公顷）水稻田作为"田园风光"景观进行展示，是高荡旅游景区的重要组成部分。

田园 / 苍铭摄

农家乐 / 苍铭摄

　　自开发旅游以来，高荡村实现了村民本地就业、多渠道就业，多种方式拉动地方经济发展的目标。截至2019年，高荡村农业用地面积9100亩（约606.67公顷），其中休闲农业经营面积3288亩（219.2公顷），休闲农业经营主体包括农家乐、休闲农园、乡村民宿等共37个，实现年经营收入1120万元，近两年客流量约5000人/日，年接待游客25.8万人次，带动就业850人，旅游经济得到了发展。而高荡村旅游公司后期还会陆续对高荡景区进行建设和推广，未来的高荡村，相信将以崭新的面貌出现在多彩贵州的大地上。

游客接待处 / 苍铭摄

五、对外交通

　　高荡村位于镇宁县城西南，现东距主城区约5.5公里，南距黄果树瀑布景区12公里。据村民回忆，历史上这里交通闭塞，只能沿古寨后山的桫椤桥及古驿道步行出入。1949年后兴修了一条连接县城和周边几个村子的公路，但道路很狭窄，不便汽车进入，所以村子与外界交往不多，这在客观上促使村落传统风貌得以保存。后来，进村道路经历了几次大的变化，尤其是近几年，高荡距县城的道路由原来的10多公里缩减至5.5公里，交通变得十分便利。因多次往返高荡，我们也跟着见证了一段高荡交通变迁的历史，同时也深刻地感受到交通给村寨带来的变化和发展。

　　过去，出入高荡的交通干道是通往镇宁县城的X453县道。2014年7月我们第一次来高荡调研时，一行人本打算走X453县道，从村子正大门进村，而司机误将我们带上了另一条通往高荡的路，即那条从高荡后山出入的古驿道。一路上树林茂密、农田广阔、天空湛蓝，美丽的景色给高荡之行增添了几分意外之喜。回想起来，当时途经的那条道路十分狭窄，九曲十八弯，有很多陡坡，是典型的贵州盘山公路，沿途还有废弃的厂房，汽车开了很久才到达村子。

　　那次高荡之行持续半月，我们平日住在高荡做调研，隔三岔五也会坐着班车到县城采购生活物资。搭乘班车说来也简单，只需在村子正大门口耐心等待，班车来时招手停车即可。班车途经X453县道，大约早上7点从镇宁客车站发车，每20—30分钟一班，沿途各个村寨都会停靠，车票价格根据站点距离远近而定，

古时入村路线 / 黄蔺薇摄

现今入村公路 / 黄菡薇摄

一般 5 — 15 元。基于多次乘班车的经验，我们搞清了高荡村周围村寨的名称和方位，其中比较大的村子有元总堡（现更名元总村）、草果寨等，而早些年高荡村因没有学校，孩子多半乘坐班车到元总堡或镇宁县城上学。

2015 年，听说高荡开始大力发展旅游业，我们再次慕名而来。那时的高荡交通已有不小变化。高荡村民在后山桫椤桥附近办起了烧烤场和水上乐园项目，通往高荡的交通路线因此发生改道，原本经过元总堡和草果寨通往正大门的 X453 县道不再作为主干道，政府另行修建一条直接通往后山的公路，以便私家车可以进入村寨，同时还修建了配套的停车场等公共设施，来休闲的游客因此大增，但同时也带来了不少的问题，比如游客大多止步于后山，仅在河边烧烤场游玩，不进村子参观；再比如，大量的烧烤垃圾对桫椤河沿岸环境造成了污染。这一时期的高荡，虽然名声在外，但大部分游客的关注点仅停留在桫椤河畔的烧烤场和水上游乐项目，而不是高荡的悠久历史和浓郁的民族文化。

2016年，高荡的旅游开始走向规范化，先是引进了企业对村寨进行开发，而后取缔了后山的烧烤场，建成了村史馆，旅游标识和导览也逐步完善，我们闻此再次来到高荡。发现被遗忘的X453县道重新作为入村主干道得到启用。

2020年8月，我们第四次来到高荡，发现这里的对外交通已发生翻天覆地的变化。镇宁县政府投入新修了一条从镇宁到丁旗镇的镇丁城际大道，又从镇丁大道中段修建了一条直接连通高荡的旅游公路，自此，高荡有了一条专门的通村公路，不仅路程较之前的县道缩短一半，也使高荡在镇宁县、黄果树景区之间的区位优势也得到凸显。

现在，前往高荡最便捷的方式便是驾车出镇宁收费站后右转驶入镇丁城际大道，在镇丁城际大道中段见"高荡布依千年古寨"牌坊后转入通往高荡的旅游公路，沿该公路一直走到道路尽头即可抵达高荡景区。除自驾外，还可从镇宁县城搭乘环城旅游公交4路前往高荡，班车运营时间为首班6：50，晚班18：00，途经镇宁县政务大厅、翡翠国际、新民中、新车站、思源学校、景宁小区等站点，若需搭乘公交离开高荡，也可在高荡景区售票处上车，上述任意站点下车即可。

石板街 / 卢明摄

六、民居特色与存留原因

  石木结构干栏式建筑是高荡布依族民居的突出特点。布依族是古代百越民族后裔，百越文化的重要特征就是居住在干栏式建筑中，百越传统干栏式建筑是木结构建筑。所谓木结构干栏式建筑就是在平地用木桩建一个平台，在平台上再建木房子。干栏式建筑是古代百越民族应对潮湿气候的建筑发明，目的是减轻湿气对人类的影响，使居室内干爽舒适，这种建筑也成为南方湿热地区的地域性建筑文化特色。

  建在山坡地带的木结构干栏式建筑，被称为吊脚楼，原因是干栏平台一头悬空，另外一头搭在坡地上，似悬吊状。布依族分布面较广，居住在广西、云南毗邻地区的布依族传统民居多为木结构干栏式建筑，有平地干栏和山地吊脚楼式干栏两种，而高荡村的布依族属北部地区的布依族，他们居住的是石干栏式建筑。

  石木结构干栏式建筑就是在山坡地上用石块镶砌一个空心的平台，在平台上建房的建筑方式。平台下堂屋基址通常用土石夯实铺平，两侧厢房基址为空心，上面铺木板。之后，石工们在平台上用石块垒筑四面墙壁，墙壁垒筑完成后，由木匠师傅搭建卯榫结构的梁柱。最后是在木结构屋顶铺设石片，一栋传统的石木结构干栏式建筑就基本完成。

  高荡村房屋的干栏平台、墙壁、屋顶用石头垒砌成，房屋中间的梁柱、隔板用木材或篱笆。靠村落里面的民居，房屋正面的墙壁采用石板加木板的结构；村落外围的民居四面墙均采用厚实的石头为墙壁。老人们说过去用木板做墙壁的人家经济条件相对

屋顶 / 苍铭摄

哥特式窗户 / 苍铭摄

哥特式窗户／苍铭摄

石木结构干栏式建筑 / 苍铭摄

较好，村边外围的建筑多为四面石头建筑，并且石头大，墙壁厚，据说这有利于抵御盗匪的侵袭。

高荡传统民居房屋整体结构是石木结合，因此称为石木结构干栏式建筑更贴切。石墙垒砌时往往不是用整块石头和石片，而是用碎石填充夯实的，因此有研究者将夯土建筑的称呼用于高荡民居，称高荡村民居为"干打垒木石结构干栏式建筑"。体量较小的民居的墙壁相对较薄，墙壁中间也就不再填充碎石。

高荡村四面环山，建筑石材取之不尽，这一地区森林覆盖率较其他喀斯特地区要多，因此采用石木结构的建筑方法是村民们适应自然环境的选择。石木结构干栏式建筑亦非高荡布依族的创举，镇宁地区许多布依族村寨，乃至汉族村寨都保留有类似的石木结构干栏式建筑，例如黄果树附近的英家布依族村的建筑与高荡村就基本相同，只是石头的颜色不太相同。

高荡传统民居大多为两层楼房，以中柱计算，房屋高度多为1.68丈左右，也就是5.6米左右。大致相同的层高，沿犁田山麓由低向高延伸，房屋的天际线一致，再加上坐北朝南，东西展开的房屋朝向，使得村落的风貌远看十分统一协调，从外观上营造出了"石头寨"的特色村寨景观。从使用功能看，高荡传统民居地下为石头垒砌的，是牛马圈；第一层为人居空间；第二层为储物空间，主要是堆放粮食。之所以地上建筑没有超过两层，是因为不用灰浆垒砌的石头墙壁，太高容易倾斜。

高荡民居的屋顶颇具特色。高荡民居从屋顶样式上看主要为硬山式两面坡顶，少数房屋为一面坡顶，屋顶以石片为瓦，远看用石头制作的瓦片、用石头垒砌的墙，青灰色的建筑古朴素雅，建筑风貌非常一致。屋顶一律用石片铺设而成，从屋檐边沿向屋顶、中央铺设，两面坡交会时一面坡伸出少许，以防止屋顶漏水，与传统瓦屋用筒瓦下扣为屋脊不同，屋顶的石片不像人工烧制的瓦片尺寸完全不同，厚薄也不完全相同。一些老房子，你坐在屋里往上看，星星点点地透着光亮，但它绝不漏水，这不得不令游人心悦诚服，感叹石工们高超的拼搭技艺。

高荡民居的窗户独具特色，大致有三种类型：

第一种是长方形小窗，由条石构建，距离地面较高，中间还有条石分割，有天然防盗的功能，防止有人通过窗户进入。

第二种窗户是上尖下方的长条形，形似欧洲哥特式建筑的窗户，高荡广场边119

石木结构干栏式建筑屋顶 / 苍铭摄

木门 / 苍铭摄

号的布依族山居，118号临近广场的两栋建筑，不但窗户形似哥特式建筑，整栋楼的外形也神似哥特式教堂。问及房东建筑是否受到近代贵州教堂建筑的影响，答案是否定的，因为两栋建筑都建于近代以前，采取这样的建筑方式主要原因是可以分解石块的压力。

第三种是雕花木窗，窗子开在房屋正面左右厢房，为正方形，窗子向外开合，现在为了防蚊子，窗子上安了纱窗，窗子向内开合。雕花木窗多出现在石板与木板结构的房子中的正面墙壁。

高荡布依族特色村寨的风貌保存至今有两个重要原因：

一是生计方式长期保持传统农耕经济，村落发展缓慢，村民无力拆旧建新；

二是近10年贵州各级政府大力投入村落的保护与发展，使得村落风貌得以保护、村落人居环境得到改善。

石木结构干栏式建筑／黄菡薇摄

古营盘残垣 / 黄菡薇摄

七、古迹遗存

除了古老的民居，高荡村内几处古迹遗存也在诉说着高荡悠久的历史。

1. 寻羊井

寻羊井，高荡村民习惯性地称它为"寨中井"（此名为了区别于水田中央的井而得），位于高荡大寨的中央广场北侧，虽然具体修建时间不可考，但因其启用与高荡伍姓祖先迁居的历史神话有关，所以这口井比伍姓迁入的时间久远。

寻羊井起初只是一泓细泉，高荡伍姓祖先在寻羊过程中偶然发现，待举家搬迁至高荡后，才在泉眼周围用石头垒砌，修建成水井。水井至今仍流淌着清澈的泉水，高荡进行旅游开发之前，此井之水一直是高荡村民的生活水源，直至近些年村子引入自来水，村民们才一改往日到寻羊井挑水的习惯。

寻羊井东靠一座民居外墙，墙上用红油写着几行字，虽然大部分文字因年久褪色无法辨认，但仔细看来还是能依稀认出其中些许，文字内容主要包括如何保护寻羊井，强调寻羊井水乃是全村赖以生存的水源，同时还规定村民要合理用水，不能在此洗澡、洗衣等。

近年来因旅游发展，寻羊井修葺得更好了，井口用石块垒高，呈规整的四方形，井边石壁上刻有"寻羊井"3个红字，还在井周围种植了花草，摆放了盆栽。如今，虽然村民不再到寻羊井挑水，但寻羊井却变成了象征村寨悠久历史的文化符号，高荡的老人几

寻羊井 / 卢明摄

寻羊井 / 黄菡薇摄

寻羊井 / 郭珺绘

乎每日早晚都会坐在井边闲谈，甚至有人说，没有了水井，也就没有了村子的团结，因此，寻羊井是高荡人自己的历史记忆。

2. 古堡

古堡是一栋两层高的碉楼，外围由一圈封闭的围墙围起，围墙和碉楼皆由石头所砌。围墙平均高约3米，厚达60厘米，墙内面积233平方米；碉楼高约6.8米，分上下两层，建筑面积18.55平方米。古堡坐落于高荡古建筑群的东侧，那里有一座小山，古堡正位于山顶。

这座古堡既是村民用于瞭望放哨的场所，同时也兼具防御功能。之所以说它是一座瞭望设施，因为它位于通往后山的必经之路上，而此路正是古时出入高荡、通往镇宁县城的古驿道。旧时，高荡村民每日都会派人在古堡上进行瞭望放哨，以确保全村的安全。而从建筑的结构推断，它同时又是一座防御设施。碉楼外用石块砌起一圈高高的围墙，围墙仅开一个门洞供人出入，这种设计是为了防止敌人攻上碉堡。与此同时，围墙上开有小天窗用于投石或瞄准射击。鉴于古堡的外观设计和内部功能分区，我们判断它既是瞭望场所，同时又兼具防御功能。

2014年我们第一次来高荡时，曾有幸登上古堡观察，发现碉楼外的围墙上还留有些许弹孔和炮坑，说明古堡在过往的岁月里的确承担着保卫高荡村民的作用。2020年夏，我们第四次来到高荡时，发现古堡因年久失修存在安全隐患而关闭。

3. 营盘

营盘，现又称"云盘"，取云上之美意。它位于高荡村北面"犁田山"的山顶，

古堡 / 苍铭摄

是一座由12栋共31间居室组成的建筑，古代作临时避难之用。目前通往营盘只能从"犁田山"北侧的观景步道前往，至山腰最高的一处观景平台后，沿东侧小路继续攀登，跨过一道石砌山门方可到达。

在古代，它既是军事防御建筑，又是临时避难场所，供起居之用。一旦外敌入侵，高荡村民会组织村中妇女老弱最先退居山上的营盘，故而营盘的隔间房屋中能发现一些老旧的罐子、坛子残片。

目前，营盘因长期无人使用，又因建在山顶长期受风雨侵蚀，房屋损毁严重，房顶全部损坏，只残存一些残垣断壁。山顶的道路和房间地面也被杂草盖住，难以辨认。但营盘之上所见风景确蔚为壮观。向南望去就可见高荡全村风貌，不仅能将田园风光和传统建筑尽收眼底，还能清晰看出整个村寨的布局。迎着朝阳向东眺望，则可见镇宁县城及沿途的高山、河流、田地等。

营盘的修建是不小的工程，石料搬运工作需大量人力，建造过程也需要有组织、有计划地进行，加之营盘之上又有十分开阔的视野，能观察方圆10公里的动态，我们推测，在高荡村民从桫椤寨迁到高荡以前，古代驻军很可能已在"犁田山"上建立哨所关卡。但具体时间不可考，后又不知何种原因，哨所裁撤，军队迁走，高荡村民后来搬迁至此，因地制宜，将营盘重新修缮，利用起来，形成一处防御和避难的场所。

4. 桫椤桥

高荡还有一处古迹——桫椤桥。它位于高荡村后山的桫椤河上，是古时连通高荡与外界的必经之桥。桥身为一座三孔拱桥，桥长50余米，宽约5米，桥面距水面高约6米。

桥上原本立有一块《永定章程》碑，碑为石制，碑文有200余字，内容反映了大桥初建和后期修缮的原委，某种程度上印证了高荡村悠久的历史。2014年初到高荡时，村内的旅游开发还没全面覆盖，《永定章程》石碑暂存在老支书家里，我们见到它时，它侧立在老支书家的露天院落里，有些字迹已经模糊，当时我们没带拓印工具，只能一边拍照，一边手抄，过程虽然艰难，但也能将碑文内容解读七八成。2016年再去高荡时，得知此碑已被搬到村史馆妥善保存，心中无比欣慰。2020年当

桫椤桥 / 卢明摄

杪椤桥《永定章程》／卢明摄

我们来到村史馆看见此碑时，发现相关工作者已经将碑文拓好展陈在馆内，石碑本身也得到专业保存。

据村史馆内的拓片，《永定章程》碑文原文为："粤自洛阳发起蔡君漠创元于前杨□□修氏，不倦古今有同符焉，若我方之有梭落桥□□□□□□□莫有可孜，兹据其颓坏屡经。同治□年，高公□□□□□□□率工修补。本年六月旬中，大水陡发，襄陵□□□□□桥尾崩颓，里人闻之曰：此天崩坎地残至。次日，有过桥而来曰：桥将摧半矣，于是约我同人，浩感为之。篇□□囊，金元贵重，今后有牛马牧者度过境者墩桥石□□而没水，虽诛亦当恐，明太祖以鼽之，虔惩罚金……宣统二年七月。"从碑文内容可知，桫椤桥在清同治到宣统年间曾几度翻修。又据村史馆其他资料，该桥始建于明万历年间，因此桫椤桥前后已经历了600余年的历史，而这也从侧面印证了高荡建村的历史。

文化广场 / 黄菡薇摄

八、公共文化空间

高荡村内有多处公共活动空间，其中文化广场和晒谷场两处最能展现布依族文化特点和高荡乡土文化。

1.文化广场

文化广场位于高荡村口，踏入古村首先映入眼帘的是位于右侧的大型广场。广场上有一个水泥搭建的巨大舞台，舞台周围被花簇拥着，舞台背景是一幅巨大的石雕画，画面内容主要是关于高荡村民的日常生活和布依族的传统文化。石雕画的左下角雕刻一台纺车，这是布依族妇女擅长纺织工艺的象征。过去，一个布依族家庭的日常用布，不论是床单被褥还是女儿的嫁衣，全靠家中妇女一丝一线地纺出，所以纺车可以说是伴随着布依族女性的一生。石雕画的左上方雕有谷仓，谷仓由稻秆扎成，这是对布依族善于种植水稻的形象刻画。公共谷仓在布依族村落中十分常见，它由一个村寨的全体村民共同出资修建，并捐粮充实，当遇到天灾人祸时可启用以维持村子发展，它常常修在远离民居的地方，同时反映出布依族村寨路不拾遗、夜不闭户的淳朴民风。石雕画左、右两侧雕刻了布依族男女的日常生活场景，正中则雕有两位寨老肩挑铜鼓的模样。铜鼓是南方百越民族的一大文化象征，布依族作为百越后人，也继承了这一典型文化。在传统的布依族村寨里，几乎都有一面铜鼓，它象征着威严与权力，但凡遇到祭祀等大事，必请出铜鼓。而石雕画的中间正是刻画了"请铜鼓"这一文化现象。除生动的人物形象外，石雕画中还刻画了高荡的山

晒谷场 / 苍铭摄

水，譬如高耸在山顶的古堡，高荡颇有特点的拱形寨门，以及后山的桫椤桥等，形象地反映出高荡的民族特色和人文风情。

舞台的左侧是一幅以高荡石板房为背景，4个布依族少女翩翩起舞的图画。画上4位少女身着不同土语区的布依族服饰，象征镇宁县是全国唯一一处布依族三大方言区人群交汇的地区。而画面上方还有"千年布依 世外桃源"的标语，这也是近年来高荡为大力发展旅游业而提出的一句宣传口号。

舞台右侧是一幅高荡俯瞰图，从图中能清晰看出高荡村的选址布局，村寨生态

环境十分优美。

　　在文化广场，每日都举行"拦门酒"仪式欢迎八方来客，晚上则举行篝火晚会。每逢重大节庆日，旅游公司还会组织村民在文化广场的舞台上表演节目。因此，文化广场已成为高荡村重要的公共文化空间。

2.晒谷场

　　晒谷场位于高荡村古建筑群的中心，是一个矩形的小广场。它之所以被称为晒

晒谷场上聊天的人群 黄菡薇摄

谷场，是因为村里的老人总会将自家的玉米、稻谷、豆子等农作物拿到这里晾晒。每到天晴，广场上便会铺满黄灿灿的玉米和红澄澄的豆子，它们和银灰色的建筑、金闪闪的阳光、湛蓝色的天空相互映衬，加上农民翻晒稻谷的身影，形成了一幅鲜活多彩的田园画。

广场东、西、北三面是具有百年历史的古民居，南面原本是乡村小学，后来小学搬迁，村里便将小学教室修葺一新，改造成了与周边民居风格统一的石板房。晒谷场在小学搬迁之前，曾作为学校的操场投入使用，2014年我们第一次到高荡时，晒谷场上还有未拆除的篮板、篮筐等设施。后随着高荡旅游开发越来越规范化，晒谷场上废旧的设施被拆除。

如今，晒谷场成为村民日常聚会闲聊的场所，无论早晚，广场的石阶上总是坐着老人，尤其是在阳光明媚的午后，老人们在广场上晒着太阳，闲话家常，将高荡的闲适展现得淋漓尽致。

聊天／苍铭摄

晒谷场农耕归来／黄菡薇摄

晒稻谷 / 苍铭摄

在晒谷场上我们还看到了有趣的一幕。那是一个宁静的夏夜，饭后我们一行人在民宿外闲逛，看见广场上10多名老人聚坐成一排，表情时而凝重，时而轻松，像是在热烈地商议某件大事。这是我们在高荡居住多日以来不曾见到的场景，出于好奇，我们赶紧凑上前去，一探究竟。

在一旁听了几分钟，总算听出一些端倪。原来这群老人在结算近日看管停车场所得的工钱，领头的一位老人先是给大家公布收缴的停车费总额，然后当着所有人的面算清每家每户应收多少，将钱发放到每位老人手中。后来我们仔细打听才知，村里一些老人因年事已高无法直接从高荡的旅游事业中获得收入，于是自发成立了老年人团体，从事一些力所能及的事务，譬如到高荡后山的停车场帮忙看管来往的旅游车辆，同时收取一定的看守费用。而这个团体大约由13位老人组成，每位老人轮值一天，每13天一个周期，每一个周期进行一次工资结算，我们当日正好赶上一次结算日，所以非常幸运地看到了高荡村这一独特的生活景象。现在回想起来，老人们当下紧张而又欣慰的神情就不难理解了。

晒谷场除了承载着村民们的日常生活需求，更是高荡的公共文化空间，甚至可以说是高荡的核心，因为在这里，我们能看到高荡人生活的百态，就像那晚发生的趣事一样。

春天／胡文兰摄

九、服饰织锦蜡染

在历史发展过程中，布依族形成了三大土语区，镇宁是3个土语区的交会之地，所以在这里可以同时看到3种不同类型的布依族服饰。而高荡属于第三土语区，其服饰具有典型的第三土语区布依族特色，有学者称这一类型的布依族服饰为"扁担山式"①，尤以女性服饰最具特色。

"扁担山式"女性服饰大约可根据不同场合的不同着装要求分为三类：

第一类是上着锦衣，下着红裙。这种服装适用于大型庆典、正式仪式等，可以说是扁担山地区布依族女性的盛装。

第二类上着花衣，下着花裙。这种服装适用于日常生活。

第三类是素衣配素裙。这种服装专门用于孝服期间穿戴。

头巾、围腰、背扇、布鞋等作为配饰也会经常穿戴，并且会随时间和场合的变化略有改动，它们是布依族女性服饰中不可或缺的部分。

1.锦衣红裙

锦衣在布依语中叫"卜贵"，之所以称为锦衣，是因为这类衣服比较华丽，在袖子上用布依族传统手工艺织锦的方法做装饰。锦衣一般为右衽无扣设计，低领，长袖，穿法是将左前襟掩向右腋系带。通常，布依族妇女在制作上衣时，习惯将袖子分为三段

---

① 参见伍忠纲、伍凯锋著，镇宁布依族苗族自治县民族事务局、镇宁布依族苗族自治县布依学会编：《镇宁布依族》，贵阳：贵州大学出版社，2014年。

锦衣／黄菡薇摄

锦衣／苍铭摄

红裙 / 黄菡薇摄

花裙 / 黄菡薇摄

蜡染布 / 苍铭摄

堂屋前的布依族
女孩 / 苍铭摄

来做装饰，其中一段会用织锦的方法织以彩色花纹，而另外两段则用蜡染手法装饰，这是锦衣中最常见的一种款式，布依语称为"一贵两涡"（"贵"指织锦，"涡"指蜡染中的水波纹图案），此外也有两段织锦或三段全用织锦来装饰的，但现实中比较少见，据说只有在布依族村寨里德高望重的妇女才有资格穿两段锦甚至三段锦。

织锦的图案分很多种，其中比较常见的是菱格纹，而大小不同、颜色不同的菱格纹通常有不同的含义。最大的菱格中间会织上象征部落"大人"的图案，"大人"旁边会织以铃铛，传说身上挂着铃铛的人就是大祭师或大首领，因此这类图案可以看作受部落时代文化影响的结果。小的菱格纹中，蓝底红色的象征龙，绿色则象征鹓鸟……色彩非常丰富，含义也多种多样。

织锦的手法还常运用在锦衣的领口、胸襟、背部、后摆处等，均用彩色丝线织出各种纹案。领口的锦带图案一般以几种不同颜色排列，称为"眉"，"眉"的中间穿插着"以红"（对应汉语大意为指甲，因此这种纹饰又称"指甲花"）、"脉那哦"（即米粒纹）等图案。胸襟的织锦图案一般左、右不对称，左前襟图案更类似于袖子上的锦片图案，而右前襟则多为万字纹、米粒纹装饰。这样，当左前襟压在右襟之上时，便会呈现出不同的花纹，展现布依族妇女在织锦过程中的巧思。背部织锦通常呈半月形，布依语称为"骂卜独皮"，有四种较常见的图案，第一种是由不同颜色的方形织锦组成的半月形；第二种是由不同颜色的小三角组成方形，再构成半月形；第三种是彩色方形与小三角形间隔组成半月形；最后一种是狗牙瓣一条和方形一条组成半月形。关于背部的织锦，我们此次调研时听到了一个有趣的说法：处在不同地区的布依族妇女，如果将服饰背部的半月形图案拼接在一起，能组成一个完整的圆，且织锦图案能完全契合者，证明其二者在历史上有渊源关系。衣服的后摆同样会织锦，图案以菱纹、米粒纹等为主要装饰纹样，但纹样与袖子、领子上的略有差异，此外还有象征天空的单勾纹等，因为后摆部分的织锦面积比较大，所以可发挥的空间比较大，纹饰种类也比较复杂。

锦衣上除了织锦，还有蜡染纹饰。蜡染图案主要运用于装饰锦衣的袖子部分，即上文提到的"一贵两涡"中的"两涡"。妇女们先将蜡染图案描画在袖片上，然后进行画蜡、染布和脱蜡，最后将染好的袖片缝在衣袖上织锦的两侧，形成织锦在中间，蜡染在两边的装饰风格。

随着历史的发展，第三土语区妇女衣袖上的蜡染图案形成了固定风格，即以"水波纹"为最主要的装饰图案，7个水波纹为一组，1个在中心，布依语称为"涡共"，其余6个紧紧围绕在中心水波纹周围，称"涡蹦"，这种水波纹在有的研究中又称"漩涡纹"。"水波纹"间隙处画有分隔纹，呈尖角形，称"不万"，具体象征意义已不可考。袖片两端以"达若"装饰，一说象征鸟眼，另一说象征大河。"不万"和"达若"的外围是米粒纹，布依语称为"萨啊"。

制作蜡染需经历一个复杂的过程，传统工艺下，想要染出色泽理想、图案精美的锦衣大约需要十天甚至半个月的时间。蜡染的第一步是练布，布依族妇女在制作蜡染制品之前会事先纺好纱，织好布，但刚织的布因为色泽发黄，不平整且硬，不适合画蜡，还会有染色不均等问题，因此要将棉布多次浸泡、捶打，让棉布变得柔软细腻，这个过程就称为练布。之后，妇女们会在棉布上定点，即确定每个水波纹的相对位置，同时也会勾勒一些简单图案，以便正式画蜡时不会出错。第二步是安排底样。第三步则是画蜡，这一步会用到蜡染的传统制作工具——蜡刀，蜡刀一般为铜制，可画出不同图案，其中较常使用的是画水波纹、直线的平底刀，画花瓣、狗牙瓣的圆弧形刀，以及点米粒纹、星辰纹的叉形刀。[①] 据我们在高荡以及镇宁其他乡镇采访的蜡染工艺传承人说：作画的过程是一个熟能生巧的过程，大部分布依族妇女从小就开始练习画蜡，因此任何图案只要脑中想得到，就能熟练地画在布上，完全不需要打草稿，这也是令我们讶异又佩服的地方。第四步，染布。妇女们会将画蜡后的棉布打上结丢进大染缸中，染色的过程还要将布多次捞出，让其与空气结合进行氧化，反复多次，使颜色越来越深，最终达到期望的色泽。最后一步是脱蜡和晾晒，将棉布置于煮热的清水中翻转、摆动，以达到让蜡融化的效果，待蜡全部脱落，便可将布取出晾晒至干，一块完整的蜡染制品就完成了。整个蜡染的过程，无论是画蜡还是染色，对制作者的耐心和经验都有极高要求，也因此，古时为女孩制作锦衣，会在其年纪尚小时就开始着手。

红裙是专门搭配锦衣在重要场合穿着的下装，样式为红色百褶围裹式长裙。红裙的最大特点在于裙头，即一条裙子的上三分之一处，一般会用蜡染的手法将纹饰

---

① 参见胡文兰：《石头寨布依族妇女的蜡染人生》，北京：中央民族大学，2011年。

织锦／黄蕾薇摄

头饰 / 黄菡薇摄

染于裙上。纹饰图案一般包括以下几种：一是"萨啊"，象征星辰，也可象征米粒，它们都用叉形蜡刀绘制而成，但因排列组合的形状不同有时也会有不同的象征意义；二是形状酷似笔架的"独嘤纹"，意为神兽和山林；三是狗牙瓣，代表护卫部落的神犬；四是嵌套多层的回形纹，布依语叫"花烟"，代表城堡，而"花烟"中心会写古布依文字，根据文字排列，便可看出各部落之间的渊源关系。裙头以下是裙身，用天然植物染料染成暗红色，不用花纹修饰。

2. 花衣花裙

花衣花裙是传统的布依族女性在日常生活中会穿戴的服饰。它较之锦衣红裙最大的区别在于：

围腰／黄菡薇摄

首先，上衣袖子没有织锦，整个装饰以三段蜡染布为主，有些衣后摆也不做织锦装饰；

其次，下裙裙头的蜡染图案相对简单，裙头以下的裙身是藏青色，与上衣底色保持一致。

其余部分与锦衣红裙无太大区别，最直观的感受是花衣花裙相对朴素。

在高荡，我们还发现了一个有趣的现象，现代人为了适应快节奏的生活，很少有家庭愿意花大量时间和金钱为女孩儿准备两套不同的服饰（即锦衣红裙和花衣花裙）以备她们在不同场合使用。反之，为了方便快捷，出现了"电脑服"，这是一种利用电脑将图案花纹印在服饰上的新兴制作工艺。利用这种工艺，一方面可以改变服饰的面料，传统服饰只能采用棉布浸染，而"电脑服"既可以用棉布，也可以是人造纤维等材料。另一方面，印花工艺能让同一条裙子的正反面呈现不同颜色，即正面红色，反面藏青色，达到"一裙两用"的效果。加之这种制作工艺成本低廉，所以在现今的高荡及周边布依族地区广泛流传起来。值得注意的是，这种工艺目前已经开始对传统文化造成冲击，因此在享受它带来的便利时，更应该思考的是如何将传统工艺更好地保存下来。

3.头饰

头饰是第三土语区布依族女性服饰的一大亮点。它形似簸箕，前半部呈圆弧形，后半部呈矩形。圆弧形的部分以竹笋壳为骨，外包以白色棉布一层，穿戴时在白布上盖刺绣花头巾一层、藏青色头巾一层，形成三层叠戴的效果，而后以一根粗长的假辫穿过后颈再绕回头顶，来回两三圈，以达到彻底固定头巾的目的，最后将长辫尾端的流苏部分垂于右肩，整个穿戴过程才算完成。整个头饰无论做工，还是穿戴都比较复杂，不便于出门耕作，因此传统女性更多的是坐在家中从事纺织和蜡染工作。

4.围腰

围腰也是高荡布依族女性服饰重要的组成部分。围腰面料主要是蜡染的藏青色土布，裁剪成上窄下宽且对称的六边形。土布六边均镶嵌织锦，非常华丽。围腰的

布依族男青年服饰 / 苍铭摄

腰带则以刺绣图案装饰。纹饰包括蝴蝶纹、太阳纹等。而穿戴方法与现代围裙类似。

5.男性服饰

高荡布依族男性服饰比较简单朴实，与其他布依族地区无太大差别。主要以青、白、蓝为主色调，夏日常穿立领对襟短袖格纹衬衫，衬衫纽扣左右两边和袖缘处会用刺绣花边做装饰，图案以水波纹、花草纹居多，领子上也会刺绣水波纹，由此可见，水波纹以各种不同形式出现在布依族男女服饰上，它是一种最常见的纹样，同时也是对布依族沿河居住，从事稻作农耕的一种反映。秋冬季节，男性会穿青色或黑色长衫，右衽，左右两边开衩，无太多装饰。头饰方面，传统男性以戴包头帕为主，就高荡而言，头帕样式以青、白、蓝相间的格纹图案为主，此外，有的老人家也会在秋冬戴青色的帽子以保暖。

总的来说，服饰及其制作工艺织锦、蜡染等，是布依族传统文化的代表，它反映了布依族的居住空间和生存环境，同时也象征着布依族勤劳智慧的民族性格。

桥 / 苍铭摄

十、传统节日

高荡既是一个典型的布依族村寨，同时也受汉文化影响深远，因此不论是布依族的传统节日，还是汉族的节庆，高荡村都会组织村民共同庆祝。在众多节日当中，春节、"三月三"、"六月六"等是较隆重、盛大的。

1. 春节

春节是布依族的传统节日，按祖宗留下的规矩，布依族在除夕到正月十五的整个春节期间都不允许外出劳作，只能休闲和娱乐，因此，每家每户都需要在腊月期间提前做好过节准备，以免春节期间动用生产工具。例如酿酒、打粑粑、腌制腊肉、做血豆腐、杀年猪，还有缝制新衣，添置春节期间的柴火、煤炭等，都会提前在腊月期间准备好。

除夕当晚，镇宁县布依族村民会将熏制的腊肉、香肠、血豆腐等蒸熟，再做几道美味的菜肴供奉祖宗神灵，然后点燃香烛，有的还会在家门口或路口烧一小堆冥钱，燃放爆竹，进行简单的祭祀，表示迎接祖先回家一同欢聚。仪式过后，全家人坐在一起吃年夜饭，之后围坐堂屋中心，一边喝酒一边聊天，点燃火炉守岁到鸡鸣，等到午夜，年轻小伙和姑娘还会去牵"六畜"、挑"金银水"。牵"六畜"指青年男女争相去村口向"六畜神"祭祀后，牵一块象征"六畜"的石头回家，祈祷来年六畜兴旺。"金银水"即新年的第一担水，谁家挑得这第一担水，便寓意来年财源滚滚。

高荡的春节习俗与整个镇宁县基本相同，只是在细节上有些

对歌 / 高荡瀑乡文化旅游开发有限公司摄

许差异。牵"六畜"在高荡被称为"牵牛牵马",挑"金银水"则叫作抢"水莲花"。"牵牛牵马"是说高荡村里的青壮年会到村口土地庙处先烧一些冥钱,然后上香,拜祭土地神过后在小庙附近捡块石头回家挂在墙上,寓意将牛、马从土地神那里牵回家,表达来年六畜兴旺、农业丰收的美好愿景。关于高荡"牵牛牵马"仪式进行的时间,有的是在年三十的午夜十二点,有的是在大年初一凌晨鸡鸣的时刻。

抢"水莲花"一般在除夕当晚十二点进行,高荡各家的男青年会在新年钟声响起的一刻争先恐后去村里水井处抢"水莲花",也就是舀井水的时候将水井中的水泡一同捞出,谁能先将水泡捞出,在新的一年里这家人便会幸福吉祥。而没有抢到"水莲花"的人也会从水井中打一桶水回家,讨个好彩头。这一习俗与布依族生活在水边,从事农耕,视水为圣洁之物密不可分。现如今,高荡村家家户户都引入了自来水,抢"水莲花"的习俗也就随之慢慢消失了。

到了正月初一,高荡村民会聚在晒谷场上进行篝火晚会,有的吹唢呐,有的对歌,有的跳舞,有的聊天,还有的打篮球,男女青年趁此机会相互结识,到附近村寨赶表。庆祝活动通常会持续到正月十五前后,其间还会走亲访友,组织村民参加文娱活动,等到元宵节过后才正式下田劳作。

而到了正月结束当天,还会过"油团节"(也称"了年节")。这是一个在布依族村寨当中普遍流行的节日,只有等油团节过后,布依族的新年才算真正的结束。油团节的重要活动是制作、品尝油团粑,节日因此得名。油团粑用糯米、红薯粉、面粉、黄豆粉和水混合揉成,之后用苏麻油、山茶油煎炸,香甜软糯,是布依族人热爱的日常美食。

2. "三月三"

农历三月初三是很多南方少数民族都庆祝的节日,但每个民族的庆祝方式和节庆意义有所不同。高荡的"三月三",最早作为祭祀性节日出现。在三月初三当天,像高荡这样的布依族村寨会举行祭山神、祭灶神、祭祖先的仪式,同时伴随着打扫村寨、上坟扫墓等活动。

后来,"三月三"发展为具有社交功能的节日。据高荡村民叙述,在三月初三这一天,家家户户的小朋友都会外出踏青玩耍,野炊时要吃"哦营"(当地布依语,意为"晌午饭"），由家中父母提前准备好，"哦营"的内容一般包括黄色糯米饭、腊肉香肠、血豆腐、咸鸭蛋等，其中黄色糯米饭是"哦营"的关键，它是家长用"粑粑花"精心染制而成的。吃"哦营"时要同其他小伙伴一起分享，相互品尝，谁的"哦营"最先被小朋友抢光，代表他家的厨艺最高超，这会让孩子倍感荣幸和自豪。

3."六月六"

农历六月初六是布依族的重大节日，在每年的农历六月初六举行，全国各地的布依族均有庆祝此节的习俗，且规模盛大，因此"六月六"又被称为"布依年"。

关于布依族庆祝"六月六"的起源，各地说法不一，其中在镇宁布依族地区广为流传的说法有以下几种：

第一，与大禹有关。布依族先民为中国南方的古越人，相传古越人为大禹的后人，为了纪念这位祖先大禹，故将其生辰六月初六定为最隆重的节庆日。另外，大禹历尽艰辛治水成功，为了纪念这一伟大事件，布依族人效仿当时人们与洪水搏斗的情景，将"打水战"确定为六月初六的一项传统项目，以延续先民与洪水搏斗的不屈精神。

第二，与龙蛇崇拜有关。古代越人中普遍流传着龙蛇崇拜，布依族作为越人后裔，也保留了这一传统信仰。龙在很多布依族人中被看成"天"的化身，同时也是大禹的化身，在农历六月初六这一天会举行祭龙仪式，表示对祖先大禹和对上天的崇敬。此外，有的布依族人还会在这一天到河边清洗衣物，因为这一天龙会出现在水里，而龙代表圣洁，它所游过的河水会变得洁净，能帮助人们去除衣物上的污秽和邪气，因此要在六月初六这天举行祭龙、清洁衣物等仪式。

第三，与布依族的英雄人物有关。相传有一位名叫"抵师"的布依族青年，既聪明能干，又拥有动人的歌喉。他的歌声和人品感动了玉帝的女儿，她下到人间与抵师结为恩爱夫妻。但好景不长，得知女儿下凡后，玉帝派天神将他们拆散。二人离别时，仙女含泪送抵师一只宝葫芦，告诉他每年的六月初六她将在南天门与他遥见一面。抵师遵嘱没有续娶，并于每年的农历六月初六到河边与天上的妻子相望，直到享尽天年。后来人们为了歌颂他们坚贞的爱情，便在六月初六举行隆重的纪念

高荡"六月六" / 镇宁县民宗局摄

THE GAODANG VILLAGE | 高荡村

THE GAODANG VILLAGE | 高荡村

土地庙"牵牛牵马"／胡文兰摄

活动。①

　　"六月六"节日起源的传说，反映了历史时期边疆与内地、布依族文化与汉族文化的交往交流交融。

　　去除传说中带有神话色彩的部分，可以发现，农历六月初六是一年之中的农闲时节，一方面布依族群众有闲暇时间举行大型祭祀仪式或庆祝活动，另一方面，农历六月正值南方气候晴好之时，适合青年男女穿着靓丽的服饰外出结交、对歌、游玩，同时也方便父母在家中做洒扫工作。因此，在六月时节举行这样一场隆重的节日在情理之中。

　　"六月六"的庆祝活动丰富多彩，包括聚会、访友、祭祖等。其中吃粽子、吃狗

---

　　① 引自蒋萌：《耕读传家的布依古寨 —— 高荡》，贵阳：贵州人民出版社，2018年。

肉、对歌、吹唢呐等是最重要的传统项目。

高荡的"六月六"，村民们会包三角粽、枕头粽、方粽、灰粽等。其中灰粽是一种特殊的广泛流行于布依族中的美食，以黔西南贞丰一带出产的最为出名，其他布依族地区也有制作和食用的传统。它因外观呈灰色而得名，具体制作方法是将糯谷秧苗晒干后烧成灰，与糯米混合，染以灰色，再混合丁状的肥肉包成粽子，之后用蒸、煮、烤、煎等方式烹调，具有特殊的米香和肉香，糯软可口。

食用狗肉也是过"六月六"的一项传统。南方夏季湿热，冬季湿冷，食用狗肉能起到排湿、防寒的功效，因此无论冬夏，布依族都有吃狗肉的习惯。在镇宁、关岭的布依族也因长期食用狗肉，形成了颇具特色的烹调方式，其中尤以镇宁县六马镇和关岭县花江镇两地为代表。而高荡狗肉兼具二者风味。

除了享受美食，青年男女着盛装赶表对歌也是"六月六"的一项重要活动，尤其是年轻小伙，穿着布依族传统坎肩，正是展现健美身材的好时机。此外，"六月六"还有祭天神、祭灶神、祭祖等内容，主要目的是祈求来年农业获得丰收，家人健康平安。

近年来，在镇宁县政府的组织开发下，下辖各乡镇会轮流举行盛大的"六月六"庆祝活动，其中最吸引游客的是长桌宴。承办的乡镇会在节日当天早早地布置好现场，准备饭菜迎接八方来客。2014年我们初到高荡时正值农历六月初六下午，进村后发现村民都去邻村过"六月六"、吃长桌宴了，我们当即决定动身去邻村，但无奈已临近长桌宴结束之际，最终没有体验到长桌宴，之后也未有机会参加类似活动，遗憾至今。好在高荡旅游现在大有发展，长桌宴也成为重点打造的"六月六"游玩项目，游客们若想体验长桌宴，只需在农历六月初六当天到高荡感受即可。

翁座布依餐馆 / 苍铭摄

十一、吃在高荡

布依族的传统美食中，最耳熟能详的就是五色糯米饭了。五色糯米饭又名"乌饭"，关于它的由来，高荡的老人们这样说：以前，比较富裕的人家会请穷困人家的孩子来帮忙看牛，每到农历三月初三、初四、初五时，就会将添加咸豆腐、腊肉、鸡蛋的五色糯米饭送到放牛孩子手中，以示感谢。后来，五色糯米饭成为布依族传统节日"三月三"的必备食物，与祭祖敬神活动结合在一起，寓意祈佑五谷丰登。如今，随着经济的发展，食材采购越发便利，五色糯米饭不再局限于节日才制作，在高荡的大多数餐馆，只要提前一天告知店家，即可吃到新鲜的五色糯米饭。

五色糯米饭选用当年最优质的新糯米作为原材料，分别以枫香叶、天然紫苏叶、红树根（苏木）、黄饭花（密蒙花）浸泡糯米后染成黑、红、黄、白、紫五色，按一定比例上锅蒸熟即可食用。新出锅的五色糯米饭除了带有糯米本身的香味及软糯的口感外，还带有微微的天然植物染料味道，回味甘甜。

油团粑也是布依族的传统美食。它用一定比例的糯米面、大米面、玉米面、小麦面、黄豆面、红薯面等混合加水制成，而后再用"香粑花"染成黄色，捏成鸡蛋大小放在铁锅内用菜油摊至金黄色，待冷却后封坛，随食随取。

每年农历正月过后，农忙时节到来，农民就以耐储存的油团粑代替午饭，以节省时间从事农事劳动。所以在以传统农耕为生计方式的家庭里，油团粑是常见的食物之一。后来逐渐演变成在布依族传统节日"过小年"（农历正月的最后一天）时制作并食用，

五色糯米饭 / 黄菡薇摄

凉拌紫苏叶 / 黄菡薇摄

刺梨 / 卢明摄

而布依族的"小年"这一天也因做油团、吃油团被称为"油团节"。

高荡的美食，最大的特色就是顺应自然，就地取材。高荡的田间地头在不同的季节会种植不同的农作物，所以不论你什么时候来到高荡，都能吃到最新鲜的、最应季的美食。比如夏季，我们推荐的菜品有清炒瓜尖、凉拌黄瓜、炒秋葵、炒苦瓜等，价格在20元左右，实惠可口。除时蔬外，一年四季都能吃到的特色菜还有香肠、腊肉、酥炸小鲫鱼、炒河虾、炒河蟹、盐菜肉、折耳根炒腊肉等。

另外，我们还给大家介绍一份隐藏菜单，这是在高荡久居之后慢慢探索出来的。菜单包括香椿炒鸡蛋、清炒崖瓣（学名垂盆草）、苏子馅儿汤圆、凉拌紫苏叶、炒红薯叶、土鸡火锅、鹅肉火锅等。为什么说这是隐藏菜单？因为这些食材的获取方式很独特，游客甚至可以亲自参与到食材的获取过程中。

首先说香椿、崖瓣和紫苏，这三种食材在古寨内的小摊点可以轻易获得，通常

少女切刺梨 / 苍铭摄

香肠蒸腊肉 / 黄菡薇摄

是由村子里的老人售卖，价格多在每公斤20元以内，购买后可请附近的餐馆帮忙加工，只需支付一定的加工费便可享用美食。

香椿其实是一种常见的食材，通常在春季采摘食用，但高荡的香椿奇在8月仍然多产，因此，喜爱香椿的人士不妨在夏季到高荡来品尝，避暑的同时还能一饱口福。崖瓣是南方人喜爱的一种根茎类野菜，味道略甘，有利湿、退黄的功效，如果你在城市久居，不常吃到野菜，可以一试。紫苏拌以白糖或红糖可用作汤圆的馅儿，这是贵州常见的吃法，相较于芝麻馅儿汤圆，紫苏的口感不算细腻，却有一种特殊香味。在高荡的街巷购买紫苏后，同样可以请当地餐馆帮忙加工，吃到新鲜的紫苏馅儿汤圆。

接着来说紫苏叶、红薯叶、土鸡和鹅的获取方式。你便可请种植紫苏的老人们

农家自酿酒 / 黄菡薇摄

帮忙采摘，并付其一点人工费，抑或是亲自体验采摘过程。获取紫苏叶后，可以将原材料交给一家农家乐的厨师，请他帮忙烹饪。凉拌是最能将紫苏的原汁原味展现出来的烹饪方式。红薯叶的获取方式类似，其关键在于找到种植红薯的人家，而这个寻找的过程也是认识高荡的过程、体验高荡的过程。土鸡和鹅可以向当地饲养家禽的农户直接购买，几乎都是土生土养的，价格相较市场贩售的稍高一点，但肉质鲜美，不失为体验农家美食的又一选择。

高荡的农家乐几乎都可以同时承接散客和团客，散客可以看材点菜，不受菜单的局限，当然也可以尝试我们提供的隐藏菜品，而团客也有多样化的选择，比如杀猪饭、长桌宴等。

承凯布依农家乐。该店老板是地道的高荡人，家中有田地，所以原料多是自产，优点是食材新鲜，口感清爽，价格实惠，缺点是菜品稍显单一。老板的父亲是一位老木匠，餐馆就是自己搭建的，非常熟悉干栏式石板房的房屋建筑结构，如果你对传统建筑感兴趣，不妨到他家一边品尝美食一边聊聊布依族传统建筑。

布依人家。该店是较早在高荡办农家乐的人家之一，经营经验丰富，经营项目众多，是村里少有的吃住一体的院子。听当地人说，他家的厨师是从黄果树的大餐馆花高薪聘请而来，所以在口味上深受当地人推崇。但也因此，在价位上相较别家高一些。

翁座布依。它是村子里规模较大的餐馆之一，在接待团客方面有优势。老板待人友善，服务优质。菜品齐全，尤其擅长做火锅一类菜肴，味道可口，价格实惠，也是不错的选择。

昌华餐馆。位于村口第一家，地理位置优越。菜肴的口味更像是家里妈妈做的家常菜，不算惊艳，却有一种亲切熟悉的感觉。除此之外，价格实惠也是他家一大优势。

当然，"吃在高荡"的魅力绝不仅限于以上餐馆和菜品，更多的在于它的可探索性，可发掘性，只要你爱吃、想吃、会吃，就能找到新鲜的食材、新颖的菜品、新奇的味道。

布依·山居客栈／爸铭摄

十二、住在高荡

2014年我们第一次到高荡调研时，高荡的旅游开发还没有规范化和体系化，村寨之内尚没有一家完整的客栈或民宿，我们只能通过熟人介绍，寄宿在老乡家里。而今，高荡已有大小客栈数十家，兼具住宿功能的农家乐更是不在少数，有的客栈还与旅游公司达成战略合作，高荡已发展成一个旅游要素齐全的景区。

据不完全统计，目前高荡有乡村民宿21家，具备住宿功能的农家乐15个，尚未修建星级酒店。按所处方位不同，这些民宿、农家乐大致可分为三大片区：

第一区位于景区大门到景区售票点之间的安置点。

高荡为了促进旅游开发，同时保留古寨传统风貌，2016年起规定不可拆除古建筑修新房，也不可增建新的民居占用观光农田，但高荡人口在不断增长，为了解决人口增长带来的人地矛盾，政府决定在高荡古村核心景区外建立一处集中安置点，修建的新房采取仿古风格，外观风格尽量与古寨保持一致，内部是钢筋水泥结构，带独立卫生间，既解决了从前居民如厕洗浴难的问题，又达到保护景观的效果。

很多高荡居民搬到安置点后，利用自家小楼开起了民宿，形成聚集效应，这便是在高荡住宿可选择的第一大类，即住在安置点的民宿里。这类民宿的优点是干净、安静，且价格较便宜，通常在100—150元。在安置点的对面有一处村民自发筹建的烧烤场，夜间还会举行篝火晚会，十分热闹，对于喜欢烧烤和喜欢热闹的游客来说，安置点内的民宿是较优选项。但这类民宿也有缺

墙／苍铭摄

石片屋顶 / 苍铭摄

点，即距离核心景区有相当的距离，旅游体验感不强，且进出景区需多次购票不适合长住游客。

第二类民宿位于高荡"新寨"。

高荡民居最早沿村子北面的犁田山修建，建筑大多顺应犁田山走势排列，后来人口规模扩大，有少部分人迁到东面山脚下，形成"小寨"，但在相当长的时间内，村民的主要活动范围仍在晒谷场及其以北的空间范围内。直到进入21世纪，村民才开始迁居到晒谷场以南，形成一片新的聚居区，村民习惯上称这片新的聚居区为"新

"新寨" 仿古式客栈 / 黄菡薇摄

寨"，或直接说"下面"，古寨核心区则被称为"老寨"或"上面"。尤其是在2010年前后，很多村民在"新寨"自耕地上建起小楼，甚至还出现了"烂尾楼"，一度破坏了高荡古色古香的风貌。2016年后，当地对违建乱建房屋采取拆除和整改的措施，要求村民"修新如旧"，并统一修建通往各家各户的步道，使"新寨"与晒谷场周围建筑形成统一风格，极大地美化了"新寨"的环境。

在此过程中，很多"新寨"村民开办了农家乐，白天利用院子承接宴席，晚上利用房屋二层、三层为游客提供住宿，形成第二类民宿。这类位于"新寨"的农家乐，由于修建时间晚，设施较齐全，加上食宿一体，十分便利。房间价格大多在150—200元，有的甚至包含餐费，比较贴合大众旅游消费的预期。此外，很多农家乐坐落在观光水田的周围，便于游客欣赏优美的田园风光。对于想长期住在高荡的游客来说，也不用多次购票。所以，住在"新寨"是性价比较高的选择。

第三类民宿即布依族传统老民居。

在高荡，将传统建筑改造成民宿对外经营的人家只有几户，其中有部分在建设过程中，目前对外营业的民宿中以"布依·山居"最具代表性。它由镇宁县政府倾力打造，在不改变原本建筑外观和结构的基础上，对建筑整体进行了美化，并在每间客房都隔出独立卫生间，改造难度极大，耗时也比较久，因此目前只开放了部分客房，其余还在改造过程中，一次只能同时接待30名游客。

以传统建筑改造的民宿，其优点包括：（1）有天然的公共活动空间——堂屋，可供游客聚会、聊天、吃饭，符合大众日常生活的多种需求；（2）住在其中能最直观地感受布依族传统建筑的魅力，体验旧时布依族人的居住环境和生活习惯；（3）以"布依·山居"为例，它在改造过程中还考虑到老的木质结构建筑隔音效果差，所以对墙体进行加厚，以避免噪声，充分考虑游客的各项需求。但这类民宿的价位相对较高，价位通常在200元左右一间，比较适合有经济条件又想体验布依族传统民居的游客。

布依集市 黄函微摄

十三、玩在高荡

随着旅游业的发展，高荡可供游玩的项目越来越丰富，同时也越来越注重发展沉浸式旅游体验。

进入景区，最先可参与的项目是户外烧烤。烧烤场建在高荡村民安置点的对面，沿着桫椤河岸分布，一入景区便可看见。它由高荡村民自筹建设，能同时容纳四五十桌游客，一般从上午十点营业至夜间无游客为止。烧烤采取自助方式，游客既可自行采购、携带食材前往，也可在店里直接点单，价格公道。烧烤场边建有小型游泳池，非常适合亲子互动。到了晚上，村民还会在烧烤场中央的舞台举行篝火晚会，组织游客参与唱歌跳舞，可谓是将村民的日常娱乐生活融入旅游发展的过程当中。

从高荡古寨门进入村子，第一项旅游体验便是拦门酒。在这里，高荡的男人们敲打着木鼓、吹奏布依族长号，妇女身着盛装，唱着布依族敬酒歌，端着盛满米酒的酒杯迎接远道而来的客人。拦门酒最大的特点就是一杯接一杯，这是布依族人在表达对远方客人的热情和尊敬。品尝完醇香的布依米酒，高荡村民会为客人表演歌舞，幸运的游客还会被邀一同唱跳，现场气氛好不热闹。

拦门酒仪式过后，游客可参观村史馆。村史馆中有大量关于高荡的详细讲解，参观过后就能对高荡形成客观全面的认识。村史馆二层是民俗馆，馆内展陈了很多布依族村民的传统生活用具，是对高荡布依人日常全貌的反映。

进入古村核心，最值得细细参观的是高荡的古建筑群，它同时也是高荡旅游最有价值的部分。古建筑多建于明清时期，年代

古迹遗存 / 苍铭摄

观景台所见景观 / 苍铭摄

体验画蜡 / 苍铭摄

久远。每栋建筑的外墙都有展牌，介绍房屋的基本结构、房主姓名、修建时间等，能让游客对古寨中的建筑有清晰全面的认识。2016年后，政府对高荡的古建筑和古街道进行了修整，很多建筑外围种植了花卉，摆放了绿植盆栽，街道也清扫得干干净净，明艳的花朵、绿油油的植物与银灰色的建筑墙体相互映衬，生动又古朴，非常适合摄影和写生。尤其在雨天，雨水打在屋檐上，仿佛给建筑镀上一层光泽，让建筑更显韵味。

从高荡古堡东北侧通往桫椤河的路上，有一条岔路可通往犁田山顶的营盘，岔路沿途有三处观景台。其中两处观景台朝北，可以俯瞰桫椤河流淌在山间、田间的景色，甚至还可以远眺远处镇宁县城的高楼，景色十分壮观。另有一处观景台位于接近山顶营盘的位置，可以看到南面高荡村的稻田风光和古建筑群。通往三处观景台的步道修缮得很好，能够较好地满足登山爱好者的需求。

高荡村内有一处布依集市，它是近期由政府规划和修建的，位于高荡古堡的山脚下。集市是一座砖木仿古建筑，有几间店铺，专门售卖各种布依族特色产品，包

体验租借布依族服饰游览 / 苍铭摄

括服装、美食，还有一些文创产品等，是购买特色旅游商品的好去处。2020年由于新冠肺炎疫情影响，集市大部分时候处于关闭状态，因此在调研期间没能亲身体验购物的愉快，这也成为此次高荡行的一大遗憾。

高荡还有一些颇具特色的旅游体验项目，譬如制作蜡染手工艺品、参与民族特色篝火晚会等。高荡村内有一位著名的布依族蜡染工艺传承人——伍文芬，她在高荡"新村"利用自家楼房办起了一间蜡染工坊，白天在院子里画蜡、染布，晚上进行晾晒，而房子的一楼既是一个工艺品商店，又可以视作一间小型的展览馆，墙上挂满了伍文芬各个时期的蜡染作品，与此同时，房间里还摆放着纺布、织锦的工具，平日的布匹制作就在房子一楼完成。到了高荡，一项沉浸式旅游体验就是在伍文芬

的家中体验整个蜡染的过程。伍文芬本人会亲自教游客如何用烧制的蜡在布上作画，创作载体可以是简单的一块布，也可以是文化衫，创作内容既可以是任意图案，也可以学习布依族传统纹样。绘画完成后，会由伍文芬及其丈夫进行染色、脱蜡的工作，通常隔天就能取到成品。整个体验过程参与感极强，是一项令人印象深刻的旅游体验。除了亲临现场绘制蜡画、参与染布，伍文芬的店还提供定制和邮寄服务，以满足那些无法亲临现场的顾客。

到了夜间，旅游公司会组织高荡的村民在文化广场举行大型篝火晚会，晚会内容以歌舞表演为主，同时还会邀请游客上台一起唱跳，这也是高荡旅游过程中一项有趣的活动。

竹竿舞／高荡瀑乡文化旅游开发有限公司摄

农家／黄菡薇摄

街巷 / 苍铭摄

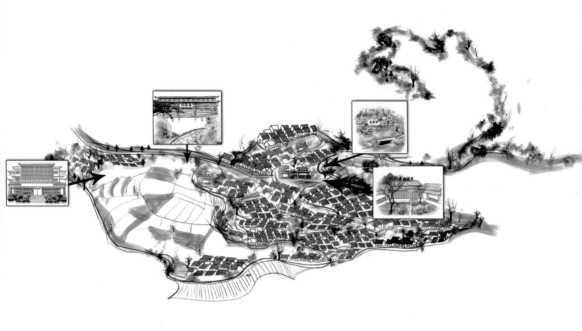

村子布局图 / 郭珺绘

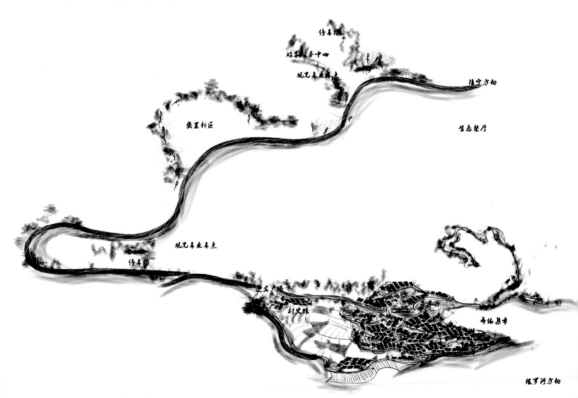

进村路线图 / 郭珺绘

十四、布依博物馆

　　布依博物馆位于高荡村文化广场的旁边，从寨门进入高荡便能远远望见，那是一栋三层的现代建筑，外墙砌以石块。据馆内展示的《镇宁布依民俗馆建馆记》陈述：布依博物馆的前身是布依民俗馆，经历10年筹备期，收集到藏品3000余件，于2009年3月注册开馆。其原址在镇宁县城黄土坡，2012年才决定搬至高荡。当年，在杨芝斌（高荡人，镇宁县政协第九、十届主席，镇宁县布依学会会长）的带领下，利用来自青岛市、镇宁县民宗局、县红十字会的资助以及部分自筹款开始在高荡兴建布依民俗馆。展馆总面积1200平方米，于2016年6月20日完成布展工作，整个展馆的概述和展品的说明等均由杨芝斌撰写完成，因此这个博物馆的建成与杨芝斌的贡献密不可分。

　　进入博物馆，首先看到的是一本巨大的"书"，上面包含两部分文字内容，分别是"布依族名溯源"和"高荡村史记"，对布依族史源和高荡起源有一个总体概述。"书"的后方是一幅巨大的铜制画卷，内容包含布依族的铜鼓、吹奏长号的男青年、八音坐唱、妇女纺织等画面，生动形象地描绘了布依族的日常生活。

　　越过铜画往左，便进入"高荡村史"展厅。展览以文字、图片、实物相结合的方式展陈，总体分为七大部分，分别是区位与建置、民族与人口、农耕与水利、营建、传统文化与教育、新中国成立后村级组织建设、今日高荡。其中不乏珍贵资料，譬如桫椤桥的碑记就展陈于营建部分；在文化与教育部分更是梳理了各个时期高荡的文化名人，游客参观完这一展厅，就能对高荡形成

博物馆铜画 / 卢明摄

布依博物馆 / 郭珺绘

教育概述

　　高荡人素重读书，村民文化素质较高，是镇宁县久负盛名的"儒林村"。明清时期，私塾广泛设立于民间，成为启蒙教育的主要机构之一，乡贤伍廷纪、伍尚文父子就长期兴塾于户、亲授蒙童，高荡寨子凡家境尚可的人家都会送子弟入塾读书。读几年私塾后，视子弟就情况和家庭经济情况，有的送去考府、州官学或书院做参加科举考试的准备。明清科举以八股取士，有的私塾先生也能讲八股文作法，故有一些学生也留在私塾研习。高荡时属永宁州辖，但因距镇宁州城更近，在清咸丰、同治、光绪年间，就有伍廷举、伍尚文、伍天培、伍天云、伍应珍等异代学子入镇宁州城求学多年，足见其时寨人对教育的重视。此间直至 1906 年废除科举制，数十年间高荡学子经郡试（亦称"小考"）中式成为秀才的就有 6 人，参加"乡试"（即将郡试考选的诸生试之于省会）中式成为举人的有 1 人、取副贡 1 人。这样的教育成就在当时的乡村不说绝无仅有，至少实属罕见。重学重教之风在高荡一直得以延续，民国中后期虽然官办学校较多，但高荡私塾仍办得很兴旺。镇宁城的杨伯雅先生先后受杨正华、杨正国父辈延请，就在高荡教了长达 10 余年的私塾。

学费通知单

馆内展板介绍内容 / 卢明摄

较完整全面的认识。

　　博物馆的二层和三层是布依民俗展厅，以展陈布依民俗文化为主题，以保护、传承和弘扬布依族传统文化为主要目的，尤其以镇宁地区的布依族日常生活用品为主要展示内容。展品包含布依神龛，这在布依族农村十分常见，几乎家家户户的堂屋中央都有供奉"天地君亲师"神龛的习俗。展品也包括布依族日常所需的各种物品，如具有200多年历史的古床，传统雨具斗篷、蓑衣，制作食物时用到的镭钵、镭子、榨油石、磨子，还有狩猎防身用的武器，传统乐器铜鼓、月琴、勒尤、唢呐、姊妹箫等。众多展品中有一类占比较大，那就是布依族的蜡染制品以及传统服饰。蜡染布用于制作衣裙、围腰、包袋、被面、门帘、窗帘等，蜡染纹饰五花八门，有的来源于布依族日常生活所见，有的来源于美丽的传说故事，线条利落，图案精美，配上青蓝色底布，给人以古朴优雅的美感。

抱着公鸡的布依族妇女 / 苍铭摄

十五、村落保护与发展

高荡的保护与发展之路，很大程度上伴随着高荡的旅游开发。

高荡的旅游开发大致兴起于2010年前后。最开始进入高荡的外界人群是学者，他们带着研究和探索的目的来到高荡，回到城市后通过研究成果向外界宣传高荡，这一时期的高荡在人们的口口相传中进入大众视野。之后，高荡于2014年入选国家民委首批"中国少数民族特色村寨"，正式打响了布依族传统村落的名气，吸引了最初的一批游客来到这里，而后高荡的旅游开发逐渐走向正规化和体系化。

为了将高荡旅游推向市场，首先要修道路。2014年以前，前往高荡要经过老旧的县道，再转入乡野小路才能到达。如今，新修一条通往高荡的旅游公路，这对高荡的旅游开发来说是至关重要的。据村民回忆，早期前往镇宁县城，需走上40分钟的山路才能搭乘班车去往县城。现在，不仅直达的公路修好了，停车场等相应的配套设施也完善了，跟过去有了翻天覆地的变化。也因此，很多人不用再千里迢迢到外乡打工，在家门口便能做起生意养家糊口。这对于留住青壮年劳动力，让村寨充满活力是非常关键的。

2016年后，高荡的旅游开发开始从完全的政府主导和参与，向政府主导、企业主体、村民参与转变。

政府主导集中体现在规划和设计高荡旅游的总体发展方向，例如组织召开"贵州省安顺市高荡景区建设规划评审会"，调整和通过文件中的规划内容；制定《高荡景区发展规划》《高荡景区建设管理制度》等，通过订立法规等方式指明高荡旅游发展的方向。

小朋友 / 苍铭摄

科技改变村民日常生活 / 苍铭摄

村民积极参与的观光旅游业 / 高荡瀑乡文化旅游开发有限公司摄

另外，政府主导还体现在资金的投入等方面，以上文提到的"布依·山居"客栈为例，它就是镇宁县政府投入百万元打造的具有布依族传统民居特色的精品客栈，同时也是一座鲜活的布依族民居展示馆，除了具备住宿功能，白天也向游客无偿展览。

此外，政府主导的工作还包括监督"新村"居民将乱修乱建的烂尾楼全部改建，使其与古寨传统民居风格一致；在人口压力激增的过程中修建安置点以维持古寨的可持续发展；给每间传统民居外墙都添设导览牌以提升游客的体验感；出台相关规定整治居民乱扔垃圾、鸡狗随处放养等问题。

从2015年至今，与高荡签订合作协议的旅游公司先后更替过3家，早期公司投入的项目包括修建沿河景观、新修田野步道、修缮观景平台等，目前与高荡村合作的是贵州瀑乡高荡文化旅游开发有限公司，理念是尽量完整地保留高荡古村的原始风貌，让游客真切地感受到民族特色村寨高荡的魅力。同时，公司的运营、景区的管理和维护等大多聘用高荡本地人，以达到增加就业的目的。

村民参与则反映在高荡旅游开发的方方面面。首先，村民是旅游节目的表演者，比如"拦门酒"仪式、歌舞表演等，对劳动力的需求较大，因此村里大部分妇女都参与其中，成为带动当地旅游发展的一员。其次，村民是乡村秩序和乡风环境的维护者，比如村口的检票员、村内的安保人员都聘用高荡本村的青壮年，而旅游公司聘请的环卫人员则是村里的妇女；又比如，在高荡内部多处张贴的村规民约和伍、杨两族家训，无时无刻不提醒着村民和游客要自觉遵守规定，提高素质，而一旦有人违背了本村规约，又或是有游客不尊重村内习俗文化，高荡的村民们则会适时制止，因此在这个环节中，村民的参与度也极高。最后，村里的客栈、农家乐，无论是经营者还是服务人员皆是本村人，再次体现了高荡旅游开发过程中村民主体性强、参与度高的特点。

高荡在旅游开发的10年中，已经探索出一条适合自己发展的道路，这条路不仅可以帮助保护传统村落，解决劳动力外流的问题，同时还可以带动村子可持续发展，因此可以预见，未来的高荡仍将延续和发展以政府为主导、企业为主体、村民参与的开发保护模式。

改造后的民居内窗 / 苍铭摄

十六、高荡古村的活化

高荡的老房子在夏季比较凉爽，恋旧的老人们多喜欢住在老房子中。但老房子也有诸多缺点：

首先，卫生条件不符合现代城市人的生活习惯。老房子卧室下面过去是养牛马的畜圈，兼做厕所，但上下只隔一层木板，气味较重。现在虽然不养牛马，主要做鸡舍和堆放杂物，但在外工作生活过的年轻人，多已不适应这种卫生条件了。

其次，老房子的厨房设置也不符合现代生活要求。老房子的厨房没有烟囱，过去烧柴火时，烟雾从房顶的瓦片缝隙中渗出。现在多数用液化气，无烟了，但油烟无法排除。

再次，石木结构干栏式建筑冬季透风，保暖性不足，因此，冬天人们都在堂屋神龛后的一个小房间内烧柴火取暖。房屋墙壁被烟熏得十分灰暗，室内光线原本因窗子小而不足，烟熏后房屋内更加昏暗。

高荡石木结构的干栏式建筑以其独特的建筑风貌吸引了一批又一批前来观赏的游人，但其内部设计和功能完全不能满足现代人的生活需求，且改造难度极大。因此经济条件好的年轻人多选择在"新村"建新房居住。

新房的建筑是在政府的统一规划和指导下进行的，房屋多为两层半石头与水泥混合式房屋，类似城市中的砖混结构房屋，层高比老房子高，多为3.5米左右，比老房子高出一米多。新房屋顶仍然采用两面坡石片屋顶，墙壁采用石块垒筑。

高荡的新房与老房子远看风貌基本保持一致。但近看新房与

古建筑群 / 黄菡薇摄

·布依族少女走在古巷／苍铭摄

改造后的民居内部 / 黄菡薇摄

老房子有诸多不同：

　　一是新房采用"灰浆"砌墙，更为结实稳固；

　　二是新房子采用木板做外楼板，钢筋混凝土做内部结构，隔音效果更好；

　　三是新房设置有专门的卫生间，厨房有抽油烟机孔道，卫生条件得到改善；

　　四是新房多建于平地，也不再用梁柱穿枋，已经失去传统石木结构干栏式建筑

活化的新式民居 / 苍铭摄

的特点；

五是新房比老房子通风采光要好。

地方政府对高荡投入资金予以保护：

首先是完善了古村内的排污、供水、通电、通网功能；

其次疏解了古村内密集的人口，为40多户人家新建了住房，让他们住进新的"传统民居"；

最后是维修改造了一些老房子。

这些措施使得一个破败凋敝的古村获得了新生，也使得过去无人知晓的布依古村声名鹊起，成为城市人向往的世外桃源。

从旅游者的角度看，老房子更具有观赏性，高荡老房子建筑基本都是石木结构干栏式建筑，两层一进三开间，但在建造时根据自己家地基的大小、位置朝向的不同有一定变化，每栋楼房的造型有所不同，因此高荡传统民居虽然内部功能不适宜现代生活需要，但外形颇具观赏性，特别适合美术写生、摄影拍照，是较好的旅游资源。现在政府投入大量的资金逐步改善每一栋老房子的内部功能，使得千年古村逐步复兴，获得新生。

卖特产 / 苍铭摄

十七、旅游扶贫　老有所养

　　历史上，高荡村是远近闻名的"文化村"，一贯重视教育，从明清时期起就不断有学子走出大山去到城镇安家，但是单一的农业生计方式，村寨的发展受到严重的制约。村里老人说："三十斤晒干的苞谷，才能换到一斤肉。八十年代的一斤苞谷卖一块，几十年以后还是卖一块，人家搞工业的几十上百倍地涨，但粮食价钱一点不涨，（种地）挣不到钱。"传统农业利润低、风险大、周期长，再加上高荡村人均土地少，单纯依靠种地难以维持一家生计，年轻村民大多选择外出务工。但农业对于高荡村部分生活困难的老年居民来说，仍然是维持生计的唯一途径和重要保障。

　　年轻人外出务工之后，村里老人的赡养和留守儿童的抚育都成了问题。对于经济条件尚可且子女在外务工的家庭来说，家里老人大多不太愿意离开熟悉的村子，跟随子女去到城镇生活，老人们因此与子女长期分离，在情感上缺乏依托和慰藉。这也导致高荡村一度成为老人和儿童留守的"空心村"，农村老年群体多成为高荡村脱贫的一大难题。为了解决这一难题，高荡村因地制宜地提出了脱贫新模式，即"旅游扶贫＋老有所养＋老有所乐"。

　　2013年，为解决高荡村的贫困问题，时任安顺市委宣传部部长的杨小曼提出"千年布依"的口号，试图以旅游带动扶贫。为响应号召，市、县两级政府和高荡开始积极打造"千年布依古村"的特色村寨，高荡村的旅游得到了初步发展。自2016年起，镇宁自治县政府高度重视高荡村的旅游扶贫工作，在道路、景观、宣传等方面下足了功夫。2018年镇宁自治县政府又与国企中青旅公司达成协议，带领高荡村脱贫致富，两年时间为高荡村导流40万次游客，高荡村的风貌发生了巨大变化。依靠旅游扶贫，高荡村在脱贫致富的道路上取得了新进展，截至2019年，高荡村开办农家乐、客栈等共37个，旅游带动村民850人参与旅游创业就业当中，年经营收入达到1120万元，人均可支配收入1.3万元，其中旅游经济收入占比达60%。

老人成为高荡村旅游扶贫最直接的受益群体，旅游在一定程度上解决了高荡村老人留守的"空心村"问题，也为老人提供了就地就业的机会。旅游发展后，老人们的生活方式发生了巨大变化，这种变化主要表现为：

老人 + 生活环境得到提升

"要致富，先通路"，曾经的高荡村，仅有一条不便于汽车通行的窄公路，古村少有外人进入。为助力旅游扶贫，2016年5月，村内建成村寨直达镇宁县城的道路，路程仅5.5公里，4路公交车直通村内，极大地方便了高荡村与外界的交通往来。村里人都感叹村里的路好了，以前去镇上没有公交车，走路走到脚疼，雨天出门还会弄得一脚泥，现在到处都是石板路，每天还有专人打扫，村里环境干净多了。

古村内部建设也进行得如火如荼，民族文化广场、古村中心的晒谷场、布依集市等多个公共文化景观，既能作为村民晾晒苞谷、麦子、油菜籽等作物的场所，让游客领略乡村特有的风情，也时常可见三五老人聚群闲坐晒太阳，老人们的笑颜与斑驳的石影相映衬，成为众多摄影家手下绝佳的素材。

通路后不久，为保护高荡古村，同时也为进行高荡景区的开发工程，政府积极建设高荡新寨一期工程，力保实现安置村民"搬得进、住得下、能发展"的建造目标，高荡村44户村民于2020年成功实现第一次集体搬迁，住进两层的新楼房。

旅游对高荡村脱贫致富的影响，是有目共睹的，高荡村民的生活环境在交通、住房、道路、绿化各方面都得到了提升，这些不仅对村民的生活很有帮助，也是当地经济社会发展的基础。

老人 + 家庭微型企业

随着"车路双通"，游客增多，运输便利，小卖部、农家乐、客栈、餐馆、民族工艺品售卖店都陆续在村里开设起来。进城务工的伍承凯就抓住这一时机，在政府的积极倡导和帮助下，带领一家老小回到高荡村，以自家房子为场地，经营一家农家乐，自己当上了老板。"家里孩子需要回到户籍地上学，又恰逢高荡发展旅游，我们就回来了。"伍承凯满面笑容地说道："餐馆生意好的时候，一年能赚个20来万，一家吃穿用度不愁，还能攒点钱。"

餐桌旁，伍承凯的老父亲自豪地对前来吃饭的游客讲道："我家这房子就是我在2009年自己建的，住在村里可比城里舒服咧。"老人以前是木匠，碰到对木工活感兴趣的客人，老人会积极地为对方答疑解惑，畅谈布依族传统民居的建造工艺，兴趣高涨的时候，还会拿出纸笔亲自为游客画图演示。

"在外面打工不是长久之计，如果村里能发展旅游，还是自家创业好"，老人对现今的生活发出如是感慨。平日里，伍承凯及其妻子主要负责经营农家乐，老父亲就照看一下孙子，忙时帮助儿子儿媳招呼客人，闲时就收拾农田，在院坝里摆上椅子和村里老人闲聊打发时间。

村里像这样的家庭不少，子女因为高荡旅游业的发展回到村里就业或创业，一方面，家人可以团聚，免受分离之苦，孩子教育问题也不愁解决，老人还能够帮助子女照料家庭，发挥自身价值；另一方面，老人重回故土，继续生活在熟悉的环境中，与邻居亲戚往来更为密切，可谓一举多得。

老人 + 摆摊经济

村里的老人大都不愿离开村子跟随子女去到城市生活，老人们说，城里的电梯楼房像住"牢房"一样，生活欠缺人情味，子女上班后就独自在家，和邻居也没有什么来往，无聊得很。而高荡的旅游发展为老人们解决了这一难题。旅游业不仅为老人带来了经济收入、让村内老人们保持日常交往，游客的涌入，也给老人们带来了新鲜感，促进了村里老人与外界的交往，增加了老人们的社会参与感，让老年群体每日的生活有了更为丰富的内容与形式。

"椿菜，嫩着咧，早上刚从山上摘来的""刺梨干、金银花，可以买回去泡水喝""地里新摘的地萝卜，水分多着哩"，在进村的必经之道上，马路两旁10余位老婆婆极力向来往游客推销自家商品，吆喝的声音不绝，有时还和游客互动拍照，成

为村里一道独特的风景线。婆婆们卖的东西都是山上采的野产或者自家地里种的农产品，价格实惠，五元、十元一份，图的是个乐子，赚取个为孙子买零嘴的钱。

这些婆婆们大多七八十岁，她们表示："每天天一亮我们几个老姐妹就约着一起做点活计，干一辈子了，闲不住，人老了又干不了别的，大家一起卖点东西挣挣钱，还能坐在一起聊天，多开心呀！"老人们还自发组织了一些老年团体活动，如轮流在高荡后山停车场收取停车费，大家一起轮值，按周期结算工资。如果运气好，还能在古村广场上遇到数十位老人排排坐，脸上泛着期待，紧张地等待结算"工资"。

文化广场的"拦门酒"仪式和歌舞表演则是年轻些的婆婆们的重头戏，每逢盛大节日，如"三月三""六月六"，五六十岁的老人们就在旅游公司的统一召集和组织下身着布依族传统服饰与游客同欢共舞，好不热闹！

中坚农民＋老人农业

村里很多人搞旅游，伍昌海却另辟蹊径，他回乡后仍以农业为主要活计，农闲时做做零工补贴家用，日子也过得有滋有味。"农民本来就是种地嘛，像以前那样种地不行，种少了就基本上没多少收入，要种多一点，如果你种了几十亩上百亩，一亩算下来如果你出2000块钱，挣1000块钱，100亩一年就是10万，那也是差不多。"规模化种植就是伍昌海的致富秘诀。

高荡村自发展旅游后，村里部分田地被用于发展旅游，剩余田地大多丢荒。这时候，伍昌海等一批年轻有头脑又有干劲的村民，开始通过租借或捡种他人田地实现规模种植，初步将村民的土地流转起来。两年前还与其他村民合伙成立农业合作社，种植面积上百亩，今年因为各种原因开始自己单干，种植面积虽仅有7亩，但每亩可得利润约2000元，也是村里收入不错的代表。什么好卖就种什么，水稻、辣椒、生姜替换着来，多元化的经济作物，使得收入稳定增长。

每到农忙时，还会雇村里的老人来帮忙，每日报酬80—120元。老人虽然年龄较大，但在农业种植方面的熟练程度却比大多数脱离农作的年轻人强。伍昌海走的农业致富道路，既能解决一部分村里老人的就业问题，帮助村里老人增收，助其改善生活，又能以"中坚农民＋老人农业"的模式，使土地与农业保存下去。因此，这也是乡村持续发展、产业多样化的一条可资借鉴的新途径。

跨代家庭+旅游经济收入提高

目前高荡的旅游发展尚不能负担全部村民的生计，因此有部分经济困难的家庭采取年轻人外出务工，老人留村抚育孙子女，同时就地就业的方式维持生计。这些老人一般以景区表演者、保洁员等身份参与到高荡的旅游开发中。

伍菊分是高荡地地道道的农民，和老伴杨正川育有8个子女，年轻时日子过得艰难。子女成年后大多外出务工，夫妻二人开始帮助子女抚养留在高荡的孙辈。2012年高荡村发展旅游之初，伍菊分就通过努力应聘上景区保洁员的工作，成为景区最早招收的本地员工之一。每日提溜着大垃圾桶，把村里打扫干净就是她的工作。老伴如今也在景区当保安，两人每月工资近4000元，较之前有很大发展，他们也不禁感叹："旅游发展后，日子确实是比之前好了，寨子里环境变好了，收入也增加了。"

伍菊分吃苦耐劳，除了承担每日打扫的本职工作，还积极配合村干部，义务做些力所能及的事。8年的景区工作经验，让她对村里的情况十分熟悉，政府和旅游公司也都很信任她，平日里村里需要组织大型活动或者接待客人时，会让她召集和组织村里的歌舞团队。"三五十元一小时，能赚点也是好的嘛。能干的，不怕苦，肯做的，政府就会喊嘛。"伍菊分百般怅惘又带几分憨笑地说道："可惜的就是我不识字，不然肯定能做更多事哩。"

乡村振兴是中国特色社会主义新时代"三农"的大战略。"农村空心化""农业边缘化""农民老龄化"等问题应作为乡村振兴的根本着力点加以重视。而高荡村的旅游扶贫已初见成效，正为解决这些问题，实现乡村振兴提供了一个好的样本。

促进乡村振兴，使农村人口老有所养、老有所乐，需探索长期稳定的乡村振兴机制。高荡村的旅游扶贫把青壮年留在乡村，为当地经济发展提供动力，成功解决了老人留守"空心村"等问题，为乡村振兴提供了有效途径。此外，旅游发展还保证了老人群体的生活需要和社会参与需求，产业多样化发展的方式，加强了老人与经济产业之间的联系，一定程度上让高荡的老年人实现自我赡养。旅游的发展还使得村落重新焕发生机，人居生活环境得到改善，更为重要的是，家人的关怀、娱乐活动的增加、邻里关系的和睦、与外界交流的增多，对留守老人的生活与赡养有十分积极的作用。高荡村依靠旅游扶贫促进乡村振兴，对解决农村留守老人的问题进行了有益探索。

老寨 / 苍铭摄

桫椤桥 / 卢明摄

后　记

　　2014年5月，我在中央民族大学攻读硕士研究生期间，申报获得学校研究生暑期实践项目，在导师苍铭教授指导下选择了高荡布依族村作为田野点。高荡村是布依族文化与建筑风貌保存较好的村落，入选国家民委首批"中国少数民族特色村寨"。我们一行人来到高荡，开展了深入调查，开启了我与高荡的不解之缘。调研期间，时任镇宁县民宗局局长的伍忠仕先生给予我们很大帮助，他是高荡人，对高荡情况十分熟悉，调研期间为我们提供了很多珍贵资料使项目能够顺利完成。

　　2018年国家民委经济发展司"走进中国少数民族特色村寨丛书"编写委托书中，我即是课题组的成员之一。2020年课题组建议由我独立承担高荡布依族村寨的写作任务，我欣然应允，一方面因为我是布依族，对本民族有天然的情感，另一方面基于2014年以来对高荡的持续关注，积累了一些研究基础，可为丛书的编写提供一些帮助。于是从2020年初开始我着手编写《高荡村》一书，但由于突如其来的新冠肺炎疫情，调研工作迟迟未能开展，直到2020年底才最终完成写作任务。调研期间，感谢镇宁县宣传部、镇宁县民宗局、贵州瀑乡高荡文化旅游开发有限公司等给予我们极大的支持，特别鸣谢黄海云、潘登岭、朱晓波、杨猛、张雯等领导同志给予的指导和帮助。感谢国家民委经济发展司领导们的仔细审订及建设性修改意见，使得本书得以顺利出版。

田间步道 / 苍铭摄

本书由多人合作完成：

黄菡薇：第一、第二、第三、第五、第七、第八、第九、第十、第十一、第十二、第十三、第十四、第十五部分，并负责全书统稿、图片编辑，部分图片拍摄。

苍铭：第六、第十六部分，部分图片拍摄。

牛平：第四、十七部分。

卢明：部分图片的拍摄工作。

郭珺：承担绘图工作。

黄菡薇

2020 年 12 月

图书在版编目（CIP）数据

高荡村 / 黄菡薇等著 . —北京：中央民族大学出版社，
2021.7

（走进中国少数民族特色村寨丛书）

ISBN 978-7-5660-1948-6

Ⅰ. ①高…　Ⅱ. ①黄…　Ⅲ. ①乡村—概况—镇宁布依
族苗族自治县　Ⅳ. ①K927.35

中国版本图书馆 CIP 数据核字（2021）第 096132 号

高荡村

编　　者	国家民族事务委员会经济发展司
著　　者	黄菡薇等
责任编辑	黄修义
装帧设计	舒刚卫
出版发行	中央民族大学出版社
	北京市海淀区中关村南大街27号　　邮编：100081
	电话：（010）68472815（发行部）　传真：（010）68933757（发行部）
	（010）68932218（总编室）　　　　（010）68932447（办公室）
经 销 者	全国各地新华书店
印 刷 厂	北京鑫宇图源印刷科技有限公司
开　　本	787×1092　1/16　印张：10.75
字　　数	200 千字
版　　次	2021 年 7 月第 1 版　2021 年 7 月第 1 次印刷
书　　号	ISBN 978-7-5660-1948-6
定　　价	80.00 元